TEXTES ET DOCUMENTS

TOME X

EDHIS

EDITIONS D'HISTOIRE SOCIALE
10, RUE VIVIENNE
PARIS

— X —

LA REVOLUTION FRANÇAISE
ET L'ABOLITION DE L'ESCLAVAGE

La collection « La Révolution française et l'abolition de l'esclavage » comprend au total quatre-vingt-neuf titres répartis en douze volumes, qui forment quatre séries:

A - *La traite des Noirs et l'esclavage, tomes I à V.*

B - *La Société des Amis des Noirs, tomes VI à IX.*

C - *La révolte des Noirs et des Créoles, tomes X et XI.*

D - *La législation nouvelle, qui, avec une table générale des douze volumes et un index, forme le XIIe et dernier volume.*

*LA RÉVOLUTION FRANÇAISE
ET L'ABOLITION DE L'ESCLAVAGE*

X

LA REVOLTE
DES NOIRS
ET DES CREOLES

*

EDHIS
EDITIONS D'HISTOIRE SOCIALE
10, RUE VIVIENNE
PARIS

TABLE DU TOME X

RÉFLEXIONS

SUR LA TRAITE

ET L'ESCLAVAGE

DES NEGRES,

*Celui qui volera un homme et le vendra ;
mourra dès qu'il sera convaincu de
son crime.*

Éxode, ch. 21. ℣ 16.

REFLEXIONS

SUR LA TRAITE

ET L'ESCLAVAGE

DES NEGRES,

*Traduites de l'Anglais, d'*OTTOBAH CUGOANO, *afriquain, esclave à la Grénade et libre en Angleterre.*

A LONDRES;

Et se trouve à Paris,

Chez ROXEZ, Libraire, Quai des Augustins, près le Pont-Neuf.

M. DCC. LXXXVIII.

[Traduction D'Antoine Diannyère]

PRÉFACE

DU TRADUCTEUR.

Cet Ouvrage , comme le titre l'annonce , est l'ouvrage d'un Nègre. M. Piatoli (1) qui a vécu long-tems à Londres , et qui a connu *particulièrement* Ottobah Cugoano , m'a envoyé une note italienne , dont voici la traduction :
» l'Afriquain, auteur des Réflexions sur
» la traite et l'esclavage des Nègres ,

---

(1) M. Piatoli est auteur d'un traité italien , intitulé *Saggio intorno al luogo del seppellire* , imprimé à Modène par les ordres du Duc, et traduit en francais par M. Vicq-d'Azyr, à la sollicitation de M. d'Alembert et de M. l'abbé Coutrit. Cette traduction enrichie de notes et de plusieurs morceaux importans , a paru en 1778 , avec le titre , d'*Essai sur les lieux et les dangers des sépultures*, etc.

» est doux de caractère et simple dans
» ses manières ; ses mœurs sont excel-
» lentes ; son âge est entre trente - six
» et quarante ans, il est très-religieux ;
» la Bible est sa principale étude ; ——il
» est depuis quelques années au ser-
» vice de *M. Richard Cosway*, pre-
» mier peintre du prince de Galles. Sa
» fidélité, son exactitude et son intel-
» ligence lui ont mérité l'estime et
» l'amitié de ses maîtres. —Il est marié
» à une anglaise et vit très-bien avec
» elle. — Il parle et écrit l'anglais ; il
» entend le français qu'il étudie avec
» plaisir. — Je le connais particulière-
» ment ; il m'a donné son ouvrage qui
» a fait à Londres la plus grande sen-
» sation ».

Depuis quelques années, l'humanité
s'est élevée contre la servitude des Nègres ; tous les philosophes, tous les gens
de bien, ont dit : l'esclavage est con-

traire à la nature, il faut abolir la traite des Nègres; mais tous employaient seulement les armes de la raison (1). Une voix s'est fait entendre en Angleterre, et a prouvé, par les livres saints, que le vol, l'achat et la vente des hommes, sont des forfaits abominables, des forfaits dignes de mort; et cette voix est la voix d'un Nègre.

Ce malheureux, long-tems esclave lui-même, a vu les traitemens affreux que subissent les Afriquains transportés

---

(1) Les Anglais publient maintenant une foule d'ouvrages en faveur des Nègres; et l'Europe leur applaudi. Mais je dois rappeler que l'auteur des notes sur les pensées de Pascal, M. de Saint-Lambert, dans le conte de Ziméo, M. l'abbé Raynal, dans son histoire philosophique, etc. M. Garat, dans une note du poëme des Mois, M. le chevalier de saint-Pierre dans son voyage à l'Isle de France, et surtout M. Schwartz ont écrit avec beaucoup de force contre l'esclavage des Nègres.

en Amérique ; libre ensuite , il a vu les Européens insulter et calomnier les nègres sans les connaître ; il a étudié la Bible, il a vu l'avarice protéger la servitude, pendant que la religion la proscrivait. Il a écrit sans méthode, il est vrai, ses sentimens et ses réflexions ; il n'a pas connu les formes qu'exigent les regles austères du goût ; mais il a fait un ouvrage intéressant pour tous ceux qui aiment le talent sans culture , et pour tous les amis de l'humanité et de la religion.

Sans doute ces derniers ne liront pas sans plaisirs , un livre qui lave leur cause d'un des reproches que l'ignorance et l'injustice lui fesaient. Ils verront que si l'esclavage est opposé aux lois de la raison , il l'est encore aux lois de la religion ; et en se rappellant que l'auteur est un Nègre, en admirant sa piété et ses connaissances , ils apprendront avec attendrissement ,

que si les Noirs étaient libres et instruits, ils courberaient leur front sous
le joug salutaire d'une religion de paix,
de bienfaisance, de charité et de modé-
ration.

Le bon Cugoano démontre à tous les
lecteurs que l'esclavage est un crime ;
et son ouvrage et ses qualités prouvent
que les Nègres ne sont pas des hommes
dégénérés, et qu'ils peuvent avoir des
vertus et des talens. Les Afriquains esclaves sont vicieux ; oui : mais leurs
vices sont l'ouvrage des colons. Ils naissent avec des passions violentes. Diri-
geons ces passions vers le bien. Elles
ressemblent à celles de tous les peuples
élevés dans un état à demi-sauvage, et
n'ont jamais été un obstacle à la civilisation.

L'écrit dont je publie la traduction,
ne ressemble à aucun de ceux qui exis-
tent ; le nom de l'auteur n'est cepen-

dant pas son seul mérite. — Il a des défauts sans doute, mais on doit lui pardonner des longueurs et des répétitions ; lorsqu'on parle de ses maux , des maux de sa patrie , de ses compatriotes et de ses amis, il est impossible de s'arrêter. Les plaintes sont verbeuses ; l'homme vivement affecté se tait , ou s'il parle , il revient sans cesse sur ce qu'il a déja dit ; tout lui rappelle ses souffrances , il craint toujours de n'avoir pas tout dit, de n'avoir pas été entendu. Ainsi le bon abbé de Saint-Pierre redisait dans tous ses ouvrages , les abus qu'il avait découverts , et les vérités qu'il voulait graver dans tous les cœurs et dans toutes les têtes. Ainsi le bon Ottobah revient toujours à ce qu'il a déja prouvé.

L'infortuné a peu de confiance en ses forces , il est modeste , il s'appuie sur des autorités ; voilà encore ce que fait Cugoano , voilà aussi son excuse. Il a été malheureux , il est très - religieux ; la Bible est la base de son livre et de ses raisonnemens. Sa tête est forte , il est conséquent , il nous a cru moins inconséquens que nous ne le sommes. Il a vu partout des temples élevés au Dieu du christianisme , et des ministres chargés de nous répéter ses préceptes ; il a dû être persuadé que nous suivions et que nous lisions toujours avec plaisir , ce que nous écoutions toujours avec respect. Lui ferons - nous un crime d'avoir eu trop bonne opinion de nous ?

Il est quelquefois un peu mystique ; et sa dévotion naïve le rend intéressant ; il est d'ailleurs clair et intelligible ; et en cela il est bien supérieur aux Grecs du moyen âge , qui depuis la décadence de l'école d'Alexandrie , se sont seulement occupés de mysticités inintelligibles et de chimères au moins absurdes. Peut-être n'est-il pas déshonorant pour un Àfriquain ; sans maître, et sans modèle, de raisonner mieux que des hommes qui lisaient cependant ; Démostène, Aristote, Cicéron, Tacite, etc. etc.

RÉFLEXIONS

SUR LA TRAITE

ET SUR L'ESCLAVAGE

DES NEGRES.

La même loi et le même usage seront pour vous, et pour les étrangers qui séjourneront parmi vous ; agissez donc avec tous les hommes, comme vous voulez qu'ils en agissent avec vous.

Nom. ch. XV. ꝟ 15. Matt. ch. VII. ꝟ 12.

Plusieurs *Blancs* distingués par leur science, leur habileté, leur humanité, leur générosité et leur candeur, ont écrit contre l'infame trafic des esclaves afriquains, transportés çà et là dans

A

l'Amérique par des colons et des marchands, à la honte des nations chrétiennes ; ce serait un crime que de ne
pas remercier avec reconnaissance ces
êtres vertueux et respectables, de leurs
efforts bienfaisans pour faire supprimer
totalement l'inique commerce des *Noirs*,
et empêcher le vol, l'achat, la vente
et l'esclavage des hommes et des enfants !

Les philosophes qui ont tâché de ré-
tablir parmi les hommes tous égaux, les
droits de la nature, dont on a spécia-
lement et si injustement dépouillé le
pauvre et infortuné peuple Noir, ont
été approuvés et applaudis par ceux qui
ont de la bonté, et par ceux qui veulent que leurs noms soient à jamais ho-
norés. Ils suivent ce précepte : *ouvre
ta bouche, juge avec équité, plaide
la cause du pauvre et de l'indigent ;
car le généreux imagine des choses généreuses, et se soutient dans ses prin-*

cipes par des choses généreuses. Et ils peuvent dire avec Job ; *je ne pleure pas sur celui qui est malheureux ; mais sur celui dont l'ame n'est pas compâtissante pour le pauvre.*

Les auteurs bienfaisans qui ont écrit contre l'iniquité du trafic de la servitude et de l'oppression , ont produit beaucoup de bien , et ont fait rejaillir beaucoup d'honneur sur eux-mèmes , sur l'humanité , et sur leurs pays ; ils ont éloigné, de leur patrie, la barbarie sauvage. La classe du peuple qui connaît la probité et l'humanité, et qui est digne de l'approbation et de l'imitation de tous les hommes , est convenue de rejetter l'esclavage loin d'elle , et elle l'a adoucie dans les districts respectifs de l'Amérique ; non pas, cependant , en proportion de ses prétentions célèbres à la liberté. Espérons que cette réforme sera continuée et terminée. Enfin, malgré tout ce qui a été fait et écrit contre cette injustice exécrable, elle a toujours une grande extension dans les colonies, et une avidité aussi cruelle et aussi oppressive que jamais. Plus on a pratiqué le mal et la méchanceté, plus il est difficile de les abandonner ! Rien dans l'histoire ne peut égaler la cruauté des tortures et des meurtres dont on a accablé sous divers prétextes, les esclaves modernes, si l'on excepte les annales sanglantes de l'inquisition, les croisades, la conjuration des poudres, la S. Barthélemy, les dragonades, &c.

Il est évident que les esclaves Afriquains, qui ont de l'intelligence et qui sont *parents* des chrétiens, ne devaient pas être traités avec indignité. Il est encore évident que l'infâme trafic de l'esclavage ne peut être admis en totalité ou en partie, que par ceux qui n'ont ni humanité ni sensibilité, et qui sont des barbares et des assassins.

Le trafic de la servitude paraît d'une scélératesse excessive, même sans l'histoire des traitemens affreux, subis par les Nègres; puisque dans chaque partie, et sous chaque point de vue, il est absolument ennemi de toute idée de justice, d'équité, de raison et d'humanité. Les pensées et les sentimens, que je proposerai contre l'odieux négoce des hommes, sont tirés de l'écriture sainte, ou en sont les conséquences, et j'y joindrai des observations que j'ai été à portée de recueillir; quelques-unes de ces observations me conduiront à examiner pourquoi on a seulement commercé des Afriquains ; mais quelques soient les causes qui ont produit l'esclavage, je ferai voir qu'elles viennent d'une nature vicieuse et criminelle.

La nécessité et les circonstances peuvent forcer les hommes à devenir voleurs. Mais les voleurs d'hommes, d'enfans, qui tendent des pièges aux Nègres, et qui violent les droits communs pour s'enrichir, sont toujours misérables, méchants et détestables. Celui qui ôte aux hommes leur liberté, et les accable par l'esclavage, est le voleur le plus coupable et le plus opposé aux préceptes des loix divines, qui commandent que *tout homme aime son prochain comme lui-même, et ne fasse pas à autrui ce qu'il ne voudrait pas qu'on lui fît.* Comme toutes les autres loix ont été portées par les voleurs d'esclaves eux-mêmes, elles ne peuvent donc pas être d'un meilleur genre ni d'un meilleur caractère qu'eux. — Peut-il y avoir de l'honnêteté parmi des voleurs ! cette comparaison m'a paru dure ; mais elle est si vraie, qu'elle seule peut exprimer mes pensées et mes sentimens. J'espère que le lecteur impartial voudra bien excuser de tels défauts, comme provenants d'une mauvaise édusation et du ressentiment des cruels coups de fouet appliqués sur les épaules de mille hommes , pour mille fois moins de crimes que je n'en pourrais reprocher dans cet écrit, à la méchanceté prodigieuse , et à l'avarice brutale des colons et des marchands.

Il est bien décourageant pour un homme comme moi , de me rappeler la flétrissure dont quelques écrivains ont voulu accabler les Nègres , en disant , « qu'un Afriquain ne peut parvenir à » aucun dégré de vrai savoir, qu'il est » incapable de s'imbiber d'aucun sen- » timent de probité, et qu'il est né pour » être esclave ». Je pense que ceux qui ne se font pas de scrupule de traiter l'espèce humaine, comme des bêtes de somme, sont, non-seulement des brutes, mais sont encore méchans et bas , et que leurs flétrissures sont injustes et fausses. Si de tels hommes peuvent se

vanter d'être parvenus à de si hauts de-
grés de savoir qu'aucun Afriquain n'y
puisse monter, je les laisse posséder tous
ces avantages, sans leur porter envie;
mais je crains bien qu'ils aient seulement une grande portion de méchanceté,
et que les Nègres aient seulement la
peau très-épaisse. Un homme qui a de
la bonté ne veut ni parler ni agir comme
un homme méchant; mais si un homme
est méchant, il est indifférent qu'il soit
Noir ou Blanc.

Qu'importe que je sois Noir ou Blanc;
j'ai été de bonne heure enlevé du lieu
de ma naissance, avec dix-huit ou vingt
jeunes garçons ou jeunes filles. Nous
passions la vie à coudre les jours aux
jours; nous étions sur la côte, où nous
fûmes attrapés finement par les voleurs
d'esclaves, conduis à la factorerie, et
de-là, par les routes ordinaires du commerce, transportés à la Grenade. Peut-

être ne ferai-je pas mal de donner la relation de mes divers changemens de captivité.

Je suis né sur la côte de Fantin, dans une ville connue sous le nom d'Agimaque, où mon père était un des amis d'un des rois de la contrée; le vieux roi mourut, on me laissa dans sa famille; j'y vécus, jouissant de la paix et de la tranquillité pendant vingt lunes (deux ans). Alors Ambro Accasia, neveu et successeur du roi, m'envoya visiter un de mes oncles, qui demeurait à une grande distance d'Agimaque; j'arrivai le premier jour à Assinée, et le troisième à l'habitation de mon oncle, où je restai environ trois mois; je voulais déjà retourner à Agimaque, vers mon père et mon jeune ami : je passais, avec mon oncle, des jours hasardeux, dans les bois; nous nous amusions à cueillir des fruits, et à attraper des oiseaux. Une fois je refusai d'aller à la halte, lieu suspect, et où je craignais d'être happé par quelque puissance ennemie ; mais un de mes compagnons, m'ayant dit, que parce que j'appartenais à un grand prince, les aventures ou le *Bounsam*, (le diable) m'épouvantaient, je m'impatientai tellement que je pris la résolution de rejoindre la halte. Nous entrâmes dans les bois comme à l'ordinaire, et à peine avions-nous marché deux heures que plusieurs grands brigands fondirent sur nous, en disant, vous avez offensé le lord, suivez-nous, vous lui répondrez, et à nous-mêmes encore auparavant.

Quelques-uns entreprirent en vain de s'enfuir ; les voleurs sortirent leurs pistolets et leurs sabres, en nous ménaçant de nous tuer tous, si l'un de nous avait l'audace de remuer. Le chef nous dit qu'il était notre ami, qu'il obtiendrait notre pardon du lord, et qu'il serait médiateur entre lui et nous. Il nous divisa en plusieurs bandes, et nous le suivîmes. Nous quittâmes bientôt le chemin que nous connaissions. En arrivant le soir vers une ville, les brigands nous dirent qu'un des leurs y vivait, qu'il était trop tard pour aller plus loin, et que nous y passerions la nuit : le lendemain, trois hommes, dont le langage était différent du nôtre, parlèrent de nous à ceux qui nous avaient gardés pendant la nuit, et qui répondirent que nous étions des fugitifs. Nous demandâmes aux gardes ce que ces hommes leur avaient dit, les gardes nous répondirent que ces hommes étaient venus pour les prier de partir le lendemain, et pour les régaler dans le jour. Nous crûmes alors que notre condamnation allait être prononcée, et que nos ravisseurs nous dévoreraient comme leur

proie ; mais à peine étions-nous au milieu de la journée que nous vîmes arriver
une grande multitude de peuple, jouant
de divers instrumens ; leur musique ,
leurs danses et leurs singeries nous firent
beaucoup de plaisir. Cependant le soir
nous étions persuadés que nous ne se-
rions pas en vie le jour suivant. Lorsque
le tems de se coucher arriva , on nous
envoya dans les maisons de différens particuliers. Le lendemain je demandai où
étaient mes guides, et mes compagnons,
on me dit qu'ils étaient allés porter, à
une habitation située sur la côte de la
mer, du rhum, des fusils et de la poudre.
Je soupçonnai quelque perfidie , je per-
dis l'espérance de retourner chez mon
oncle , et je refusai, pendant plusieurs
jours, de boire et de manger. Enfin,
le maître de la maison m'ayant promis
de faire tous ses efforts pour me ren-
voyer chez mon oncle , je mangeai des

fruits avec lui. Il crut que dans la suite je serais plus tranquille, et il m'envoya passer cinq à six jours à son habitation. Je m'informai, pendant ce tems-là, de mes compagnons, mais en vain. Revenu à la ville, j'entendis le maître de la maison, dire à un autre homme, il partira bientôt, et l'autre répondre, le plutôt sera le mieux. Alors cet homme vient à moi, me dit qu'il sait les relations que j'ai à Agimaque, et qu'il m'y conduira le lendemain. Après avoir voyagé tout le jour, nous arrivâmes en un lieu où nous soupâmes et prîmes du repos. Mon guide portait une grande bourse et de la poudre d'or, pour acheter, disait-il, à Agimaque, quelques morceaux de terre sur la côte de la mer. Le lendemain, nous continuâmes notre route, et le soir, nous entrâmes dans une ville, où je vis une multitude de Blancs qui m'effrayèrent, je craignais qu'ils ne me mangeassent ; parce que suivant notre nation, ils dévorent les enfans, dans la partie intérieure de la contrée. Je passai toute la nuit dans une inquiétude affreuse ; le lendemain, je mangeai promptement la nourriture que l'on m'avait apportée, je désirais de partir bien vite. Lorsque mon guide, mon ravisseur m'annonça qu'il allait , avec quelques personnes , au château voisin, pour acheter des terres. Je sortis, et je vis, et je ressentis bientôt des horreurs que je ne puis décrire ; je vis plusieurs, de mes misérables compatriotes enchaînés deux à deux , les uns avaient des menottes, les autres les mains liées derrière le dos. Nous fûmes conduits à la file , les uns des autres , jusqu'au château ; dès que j'y fus arrivé, je demandai à mon guide pourquoi j'y avais été amené ? — Pour que tu apprennes, dit-il , le chemin de *Browfow* ;

il prit ensuite un fusil, du linge et du plomb ; il m'annonce qu'il doit me laisser, et il me quitte. Je me lamentai amérement, et on me traîna en prison pour trois jours. Là, je vis plusieurs de mes compagnons captifs ; là, j'entendis leurs cris et leurs gémissemens. Dès que le vaisseau, destiné à nous embarquer, fut prêt, je fus témoin de la scène la plus horrible, on n'entendait que le cliquetis des chaînes, le sifflement des fouets, et le hurlement de mes compatriotes. Quelques-uns d'eux ne voulant pas quitter la terre, furent déchirés à coups de fouets. Quand nous fûmes en mer, nous vîmes plusieurs marchands Noirs venir à bord, mais on nous chassa tous dans nos trous, et on ne nous permit pas de leur parler. Nous côtoyâmes pendant plusieurs jours mon pays natal, et il me fut impossible de trouver quelqu'un qui pût informer Ac-

casa , le roi d'Agimaque , de ma situation. En quittant ces parages , nous aurions préféré la mort à la vie. Nous
fîmes le projet de brûler le vaisseau , et
de périr tous ensemble dans les flammes;
mais nous fûmes trahis par une de nos
compatriotes , qui couchait dans la
chambre de quelques-uns des chefs du
navire. Des jeunes gens et des femmes
essayaient de mettre le feu au vaisseau ;
aux applaudissemens , et aux gémissemens des uns et des autres , mais ils
étaient découverts , et leur action occasionna une scène sanglante et cruelle.

Il est inutile de décrire les traitemens
que l'on nous fit éprouver alors. La barbarie des marchands de Nègres est connue !

Il suffit de dire que j'ai été perdu
pour mes chers et indulgens parens,
pour mes amis, et qu'eux tous ont été
perdus pour moi. Des cris et des pleurs
ont été mes seuls appuis ; appuis inu-
tiles !

tiles ! J'ai été porté par des malheurs ex-
trêmes, à des malheurs plus affreux encore ; j'ai été enlevé d'un état d'inno-
cence et de liberté, et transporté d'une
maniere cruelle et barbare à un état
d'horreur et d'esclavage. Ma situation
se conçoit plus aisément qu'elle ne se
décrit. Les pensées affligeantes qui m'ac-
cablèrent dès que je fus conduit à la
factorerie, et que par la voie injuste et
ordinaire du trafic des Nègres, j'ai été
fixé à la Grenade, agitent toujours mon
cœur. Depuis long-tems la source de
mes craintes et de mes larmes est tarie ;
mais je ne puis, sans frémir, penser que
des voleurs inhumains et des colons im-
pitoyables ont fait éprouver de semblables et de plus grands maux à des milliers d'hommes, et que plusieurs Nègres
ressentent à présent des douleurs qu'aucune langue ne peut exprimer. Les cris
de la misère se font entendre au loin ;

B

il n'y a que Dieu qui puisse entendre les gémissemens profonds et la sombre mélancolie d'hommes oppressés par le fardeau de l'esclavage et de la calamité.

La compassion et la bienfaisance du lord Hosts, m'ont délivré de la Grenade et de mes chaînes. Privé pendant un esclavage de huit ou neuf mois de l'espérance de la liberté; remarquant les plus horribles scènes de la misère et de la cruauté, voyant mes malheureux compatriotes souvent déchirés à coups de fouet, et pour ainsi dire coupés en pièces pour les moindres fautes; j'ai souvent tremblé et versé des larmes: j'étais meilleur que plusieurs de nos maîtres. J'ai vû souvent des Nègres rendus stupides par la bastonnade et les coups de fouet, ou harassés par un travail pénible et épuisés par la faim, manger des cannes à sucre ou commettre des fautes semblables; je les ai vu punis par le fouet, ou frappés sur la face jusqu'à ce que leurs dents fussent fracassées. On leur casse les dents, pour qu'ils servent d'exemple, et pour qu'ils ne mangent plus de cannes à sucre. Ainsi, j'ai vu mes misérables compatriotes dans la détresse la plus pitoyable, et dans la situation la plus affreuse; j'ai vu l'indignité, la brutalité, la barbarie qui les accablent; et je n'ai pu remplir ma tête que d'horreur et d'indignation. Je dois cependant avouer, à la honte de mes compatriotes, que quelques-uns d'eux m'ont enlevé et trahi les premiers, qu'ils ont été les premieres causes de mon esclavage et de mon exil; mais s'il n'y avait pas eu d'acheteurs, il n'y aurait pas eu de vendeurs!

Autant que je puis m'en ressouvenir, les Afriquains de ma contrée, gardent pour esclaves les prisonniers faits à la guerre ou les créanciers insolvables. Mais les esclaves sont bien nourris, bien soignés et bien traités, ils sont seulement habillés autrement que les hommes libres ; et je puis dire avec assurance que la pauvreté et la misère qui pleuvent sur eux comme sur tous les habitans de l'Afrique , sont bien au-dessous de celles qu'ils rencontrent dans les Indes occidentales , où ils ont de barbares surveillans qui n'ont égard ni aux loix de Dieu ni à la vie de leurs frères.

Graces à Dieu, j'ai été délivré de la Grenade et de l'esclavage. Un Anglais me prit à son service (depuis il m'a rendu ma liberté) ; je sentis bientôt que mon sort était plus agréable. A notre retour en Angleterre je vis écrire et lire , et j'eus le plus grand désir de me procurer ces appuis. Je m'appliquai seul à apprendre à lire et à écrire , et bientôt ces occupations furent ma récréation , mes plaisirs et mes délices. Dès que mon maître s'apperçut que je savais un peu écrire, il m'envoya à l'école pour m'instruire plus vîte et plus aisément. Depuis ce tems-là, je me suis efforcé d'améliorer mon esprit, par la lecture, et j'ai tâché d'acquérir par elle, toute l'intelligence possible, sur moi, sur l'état de mes frères et de mes compatriotes, et sur la malheureuse situation des Nègres barbarement vendus, et tenus illicitement dans l'esclavage. Mais aucune considération ne peut m'empêcher, avant de détailler mes observations, de rendre graces au Dieu tout-puissant. Quoique j'aie été apporté de mon pays natal, dans le torrent du brigandage et de la méchanceté, je remercie Dieu des bienfaits que sa providence a versés sur moi; j'ai obtenu ma liberté, je sais lire et écrire, j'ai acquis quelque savoir, et ce qui est au-dessus de tous ces avantages, je connais *celui qui est Dieu, qui par sa pro-*

vidence règle tout, et qui peut tout sur les nations, sur les hommes et sur les enfans. Celui à qui j'ai voulu rendre graces est le Roi de la terre et des Rois. Je puis en quelque sorte dire sur les mauvaises intentions et sur les motifs criminels des voleurs qui m'ont arraché à mes amis et à ma contrée ; ce que Joseph disait de ses frères qui le vendirent en Egypte : j'espère que tout a été arrangé pour mon bien. Ainsi, que de de reconnaissance ne dois-je pas au bon peuple Anglais, de m'avoir appris des principes inconnus aux habitans de mon pays. Mais ce qui est au-dessus de tout, j'ai obtenu par le bon lord Hosts, le Dieu des chrétiens ; que de trésors de sagesse et de bénédiction sont renfermés dans la révélation du vrai Dieu et du sauveur des hommes ! comme la bonté divine développée dans l'ancien et le nouveau testament est merveilleuse ! oh !

quel trésor que d'avoir une bible ! quel avantage que de pouvoir la lire ! quel bonheur que de la comprendre !

Enfin, je reviens à mon sujet, et je commence par les observations les moins importantes. Ceux qui ont des amis ou des habitations dans les Indes occidentales, imitent Démétrius l'argenteur. Cet homme d'une grande habileté, voyant son art tomber en discrédit, disait : *construire des reliquaires de Diane, c'est faire le métier le plus innocent.* Cependant ce métier était bas et punissable, puisqu'il enchaînait les Grecs par la superstition et l'idolâtrie ; mais le profit des colons est d'enchaîner les esprits et les corps avec les liens abominables de l'esclavage, et si l'on fait sur l'injustice de leur trafic quelques découvertes appuyées clairement sur des faits et sur la vérité, ils agissent comme un lâche scélérat qui, se battit un jour avec le

courage d'un brave et honnête homme ,
pour démentir formellement des propos
judicieux et vrais , tenus par un vieillard
d'un caractère irreprochable. Ainsi , par
leur adresse , les fauteurs de la traite des
Nègres diminuent la réputation de leurs
adversaires et font tomber leurs ouvrages.
Cependant ils n'ont pas fait un grand
bien à leur cause , et n'ont pas accrédité
leur infame commerce. En sacrifiant à
son avarice et à son infidélité, l'un d'eux
a écrit : « nous n'aurons pas le bonheur
» d'être assez mal entendus par les hom-
» mes honnêtes et judicieux , pour être
» rangés parmi les avocats de l'esclavage;
» nous nous joignons très-sincèrement
» à M. Ramsay (*), et à tous les hom-
» mes sensibles , en disant que nous es-

____

(*) Auteur d'un excellent ouvrage sur le *traitement
des esclaves Afriquains dans les colonies anglaises.*
(toutes les notes sont de l'Auteur Afriquain).

» pérons que la liberté sera répandue
» sur le globe *quand il en sera tems.*

Ainsi cet écrivain paraît avoir une légère honte des trafiquans de Nègres, et ne veut pas être confondu avec eux. Mais tant qu'il aura quelque espérance de gain, il pourra se joindre à eux, et essayer de justifier l'achat, la vente et l'esclavage des hommes ; il ne manquera pas de faire des projets avec les brigands qui, par avarice, réduisent à la misère leur prochain, et n'ont aucun égard pour les loix divines et humaines, si l'on exepte celles de leur associasion ; car, suivant le proverbe, c'est sur ce seul point que les pirates peuvent avoir de l'honneur.

Il n'y a dans le monde qu'un seul peuple que l'on fasse esclave. Sa couleur extérieure ne peut pas excuser le mal qu'on lui fait. Prenons-y garde, peut-être l'écrivain dont nous venons de par

ler, a-t-il dans le nouveau monde, quelques amis grands voleurs d'esclaves,
qui pourraient être déclarés coupables
de crimes plus atroces et plus compli-
qués que ceux que les voleurs de grands
chemins commettent en Angleterre
aussi ajoute-t-il à de pitoyables chica-
nes contre la liberté des Nègres, une
comparaison mordante et ridicule; il dit:
« cet évènement présenterait indubita-
» blement des compartimens nouveaux
» et plaisans; il rappellerait ceux *du*
» *monde renversé*, où le cuisinier est
» rôti par un cochon, l'homme sellé
» par son cheval, &c ». Certes, si par
les cuisiniers rôtis et les hommes sellés
et bridés, il entend les ravisseurs et les
oppresseurs des Noirs, je crois qu'il
ne serait pas fâcheux de les voir rôtis,
bridés et sellés à leur tour. Mais il ne
devait pas employer les mots de cochons,
de chevaux et d'ânes. On peut punir des

voleurs d'esclaves , sans craindre de réaliser des chimères impertinentes ; aussi il n'y a que leur auteur qui puisse être tourné en ridicule. Néanmoins pour faire usage du mot, je pense qu'il ne serait pas désagréable de voir le *monde ainsi renversé* , je n'interromprais pas la gaieté des brigands , j'entendrais leurs railleries, leurs invectives et leurs comparaisons niaises , tant qu'il leur plairait.

Enfin, aux maux de l'esclavage, l'écrivain que je réfute compare les maux que le pauvre d'Angleterre , d'Irlande et de plusieurs autres contrées a à surmonter, et il prétend qu'ils sont plus considérables. Il est peut-être vrai que plusieurs mendiants éprouvent des maux plus affreux que ceux des esclaves ; mais quelque grande que soit leur infortune, les plus pauvres de l'Angleterre ne voudraient pas échanger leur sort pour l'esclavage. Quelques habitans de l'Europe sont peut - être plus méchans que les colons des Indes occidentales et de l'Amérique; mais leurs serviteurs ne préfèrent pas la situation des Nègres à la leur. Ainsi un homme accoutumé à l'opulence aime mieux les richesses que la pauvreté; ainsi un homme, libre quelque pauvre qu'il soit, ne veut pas remplacer sa pauvreté par un esclavage semblable à celui du cheval ou du chien. Le malheur du pauvre ne peut jamais être assez affreux pour ressembler au malheur d'un esclave. Les Nègres, quoiqu'ils soient des hommes, sont achetés, vendus et traités comme il plaît à leurs capricieux propriétaires; ils sont même torturés, déchirés en pieces, et dévores par le travail et la faim; et si des traitemens violens les font mourir, leurs fiers tyrans expient cet assassinat par une légère amende. En général, les Nègres consti-

tués plus fortement que les autres hommes, vivent plus long - tems ; aussi réduits souvent à la dernière extrêmité et
absolument délaissés , ils recevraient avec
joie les morceaux que les chiens refusent.
Cependant l'homme par sa nature est très-
supérieur aux animaux. Ainsi la position
des hommes libres , même la plus malheureuse , ne peut jamais être comparée
à celle des esclaves écrasés par la misère et la cruauté. Est-il possible que
l'écrivain dont je parle, ait trouvé l'infortune du pauvre libre aussi affreuse ou
même plus affreuse que celle des Nègres?
Voulait-il défendre l'esclavage et la tyrannie ? ou plutôt ne voulait-il pas s'élever contre des abus? Ne voulait-il pas
dire que dans toute société bien réglée,
aucun homme ne doit sentir le besoin
et ne doit être dans l'oppression ? Ces
vues doivent être remarquées par les circonstances qui les accompagnent.» Tous

» les ministres, dit-il, devraient avoir
» la noble ambition d'arranger les af-
» faires publiques, pour la prospérité
» morale, temporelle et éternelle de tous
» les individus du plus haut rang comme
» du plus bas. L'harmonie et le bonheur
» régneraient alors sur le monde entier ».

Le même fauteur de l'esclavage, après avoir décrit les traitemens subis par les paysans d'Irlande, et quelques établissemens formés dans les Indes occidentales, suppose que les esclaves étaient autrefois conduits avec plus de douceur qu'ils ne le sont actuellement. Mais tout ce qu'il dit dans son ouvrage sert à le réfuter lui-même, et à augmenter l'ardeur que tous les hommes généreux ont montré pour l'abolition totale de l'esclavage. Des crimes atroces commis dans un lieu, ne justifient pas des crimes aussi atroces ou plus atroces encore, commis dans d'autres lieux : les forfaits exécutés dans les diverses contrées du globe n'ont pas tous le même dégré de noirceur ; et leur scélératesse ne nuit pas à la justesse de l'observation suivante :

On aime la vertu dès qu'on voit son visage ;
Le vice est détesté sitôt qu'on l'apperçoit.

On connaît l'iniquité de l'esclavage des Nègres, et l'indignité des traitemens qu'ils éprouvent. La vertu et la justice ont élevé leur voix et ont défendu le pauvre et infortuné peuple noir. *C'est le bavardage*, a-t-on dit, *et non pas la sagesse qui s'est fait entendre*, mais qui écoutera et examinera ces discours ? Ce ne seront pas les vils avocats de l'esclavage, quoiqu'ils soient un peu honteux de leur infâme métier ; lorsqu'ils espèrent que la liberté universelle planera un jour sur tout le globe, ils ressemblent au crocodille qui pleure sur sa proie en la dévorant. Ce ne seront pas les hommes ennivrés par l'avarice et l'in-

fidélité qui jettent des doutes sur le respect dû aux loix divines , et qui s'efforcent de détruire les droits et les privilèges communs à tous les hommes.
Ce ne sera pas le fauteur mercénaire
de l'esclavage , qui voudrait nous persuader qu'il ne faut avoir aucun égard
au commandement fait par l'Etre-suprême
de se reposer le septième jour. Il s'é-
lève contre ceux qui lui prescrivent
l'obéissance; et il dit, que nous autres,
Nègres , pauvres et accablés par l'esclavage , nous ne devrions pas être chargés de travaux pendant tout le jour ,
mais que nous dévrions passer les jours
du repos sacré , à cultiver la terre.
Voilà les mots dont il se sert : « employer
» le dimanche à l'agriculture est regardé
» comme le plus grand des péchés ; et
» tous les curés ont toujours soin d'in-
» culquer dans tous les cœurs que ce
» jour est consacré à un repos absolu ».
Mais

Mais après avoir fait plusieurs détours et prit plusieurs routes obliques , il ajoute que « les discours des curés sont » vrais , mais qu'il ne faut pas y avoir » égard pour les Nègres ».

L'ouvrage que nous venons de réfuter peut être regardé comme un échantillon des productions mercénaires et détestables , qui ont paru cette année , et qui sont un tissu d'erreurs , de contradictions , de mensonges , et de calomnies. Je ne parlerai plus de cet écrivain. Je vais seulement citer une de ces descriptions dont on peut très-bien lui faire l'application. Jusqu'à ce qu'il ait renoncé à son odieux métier, et qu'il ait rougi de ceux qui l'emploient, et de leur insensibilité ; il peut croire qu'il s'est défini lui-même, en disant : « un » homme d'une imagination bouillante » (mais préoccupé par une sensibilité » étrangère et factice) peint les choses

» non comme elles sont réellement,
» mais comme ses préjugés les lui re-
» présentent, et il ferme les yeux à
» toutes les convictions que ses sens lui
» fournissent ».

Mais telle est l'insensibilité des êtres aveuglés par leur intérêt, que les écrits des hommes vertueux et humains, qui veulent répandre le bienfait de la liberté, jusques sur les Afriquains, si dégradés et si infortunés, n'ont produit aucun effet. Cependant la liberté est le privilège de tous les hommes, est un droit légitime, imprescriptible, et conforme aux principes de la justice divine et humaine. Cependant les gouvernemens de plusieurs nations chrétiennes souffrent et encouragent même le commerce des Nègres, et laissent continuer les pirateries nécessaires pour se procurer des esclaves, et pour les garder. Ce sont des moyens ordinaires de s'enrichir, mais ils sont déshonorans. Alors les voleurs d'esclaves sont plus méprisables et plus vils que les esclaves; car si ces derniers sont réduits au rang des brutes, les premiers sont réduits au rang des diables.

Quelques personnes prétendent que » les Afriquains sont en général un » assemblage de peuples pauvres, igno- » rans, insociables et dispersés; qu'ils » ne se font pas un crime de vendre » leurs compatriotes, et même leurs » femmes et leurs enfans, et que plu- » sieurs de ceux qu'ils font ainsi sortir » de leur pays, parviennent à une situa- » tion beaucoup plus heureuse que celle » qu'ils auraient eu dans leur patrie ». Ces prétextes spécieux n'ont pas l'ombre de justice et de vérité. D'ailleurs quand ce discours serait vrai, il n'a pu donner à personne le droit d'enlever les hommes. Mais il est faux; les Afriquains ne sont ni ignorans ni dispersés ni insociables ; puisqu'ils sont judicieux, adroits, et très-aimants. Est-ce donc leur procurer un sort bien avantageux, que de les arracher à l'état d'égalité, pour leur faire partager celui des bœufs et des chevaux.

Ils ignorent plusieurs choses, (qu'il est permis d'ignorer), et qui donnent aux Européens de grands avantages sur eux. Mais les voleurs d'esclaves n'ont pas l'intention de rendre les Nègres meilleurs ; ils veulent seulement s'en servir, comme on se sert des machines et des bêtes de somme ; parce qu'ils peuvent être soulagés et enrichis par un assemblage d'hommes et de femmes pauvres, qu'ils méprisent et regardent comme des animaux, et qu'ils tiennent dans une éternelle servitude. La mort seule décharge les Noirs de leurs fatigues. Quelques Afriquains par la bienveillance de leurs patrons , ont obtenu leur liberté , et se sont instruits par leur industrie, dans les arts mécaniques, ou dans d'autres professions utiles. Quelques Noirs ont été emmenés par leurs maîtres dans des contrées libres , et ils y ont trouvé la liberté , mais ils n'ont jamais reçu de bienfaits des voleurs d'esclaves. Semblables à tous les hommes ignorans, ceux d'entr'eux qui obtiennent la liberté , ont généralement les mœurs corrompues. L'Afrique est , sans doute , la source de ces maux ; car les Noirs, y vivant ordinairement avec des apostats , apprennent plutôt leurs juremens et leurs blasphêmes que toute autre chose. Sans doute , il peut arriver que des Afriquains connaissent un peu la religion chrétienne et ses grands avantages. Ainsi Ukawsaw - Groniosaw , prince afriquain qui a vécu en Angleterre , dans une si grande pauvreté qu'il serait mort de faim sans le secours d'un bon et charitable procureur ; mais il n'aurait pas voulu renoncer à la religion chrétienne, pour tous les royaumes de l'Afrique. Ainsi Morrant, dans sa jeunesse, s'étant enfui dans un désert, parce qu'il préférait les bêtes sauvages à l'absurde christianisme de ses maîtres, fut pris par des Indiens, et conduit au roi des Cherakées, qui l'engagea, comme par miracle, à embrasser la religion chrétienne. Ce Morrant était au service de l'Angleterre, dans la derniere guerre, et accompagnait, avec le roi des Cherakées, le général Clinton, au siège de Charles-Town.

Ces exemples et mille autres semblables que je pourrais citer, sont absolument contraires aux assertions des fauteurs de l'esclavage. La bonté divine devrait se plaire à visiter les pauvres et obscurs Afriquains précipités dans la

servitude, à les en tirer, à les placer
au milieu des princes, et à les vêtir
de la robe d'honneur, après avoir fait
ployer leurs têtes sous le joug. Qui peut
supposer qu'il soit agréable à Dieu, de
les voir languir dans l'oppression ? Les
voleurs d'esclaves peuvent-ils penser que
le père et le souverain de l'univers se
plaise à trangresser ses loix ? La souve-
raine bonté visite, par hasard, quelques
esclaves. Mais leur servitude n'est pas
la cause de cette bienveillance.—Il n'y
a que des événemens heureux qui puissent plaider avec succès en faveur des
Noirs. Mais ils ne sont ni cherchés ni
désirés par leurs ravisseurs. L'esclavage
est un des plus grands maux ; il n'y
a rien de plus inique que de trafiquer
les forces et le bonheur de nos frères·
On est surpris de voir que cette injustice est commise par des chrétiens,

puisqu'elle est contraire à tous les principes de leur religion.

Dès que le christianisme est semé dans une contrée, on s'attend à voir les vertus fleurir et étendre leurs branches; on espère que l'harmonie et la philantropie regneront dans tous les cœurs. Les Afriquains, au contraire, n'ont vu pousser que des ronces, et n'ont vu que des brigands et des barbares, dont la méchanceté augmentait à chaque instant. Pour l'honneur du christianisme, je voudrais que l'art odieux de voler les hommes eût été connu des payens; car sans doute, il ne peut être pratiqué par des chrétiens; mais il doit être détesté de tous les honnêtes gens chrétiens ou payens. Tout être sensible et raisonnable pense qu'il n'est pas permis de commercer et de traiter les hommes, comme de vils ani-maux. Qu'importent leur ignorance,

leur situation, leur pays, leur couleur?
Certes, ceux qui procurent et volent
les esclaves sont les plus grands brigands
du monde ; ils ont perdu toute espèce de
sensibilité. Peut-on penser qu'arracher
des hommes à leur patrie, les mettre
en servitude, les tuer, ne soient pas
des crimes ? Les ravisseurs sont les
causes premières de l'oppression. Aussi
quoiqu'ils soient insensibles au malheur
de leur prochain, s'ils ne se repentent
pas de mettre des hommes dans l'esclavage, de les vendre comme des bêtes
de somme, ils doivent s'attendre à la
vengeance divine qui a suspendu ses
coups, pendant trop long-tems. Ils recevront la récompense due à leur iniquité, quand la mort viendra les trouver
dans un état aussi affreux et plus abject
que la servitude.

Quand bien même les Afriquains seraient dispersés et insociables, les Euro-

péens n'auraient pas le droit de les enchaîner. Sans doute il peut y avoir des inimitiés et de mauvais usages parmi eux. L'Afrique est très-étendue et très-peuplée ; elle est divisée en plusieurs royaumes et principautés gouvernés par des rois différens, dont les sujets sont libres. Quelques peuples cependant sont esclaves de leurs Monarques. Les prisonniers de guerre le sont de leurs vainqueurs, jusqu'à ce qu'ils aient été échangés, ou qu'on en ait disposé autrement. La côte occidentale fournit beaucoup d'esclaves aux Européens. Les Afriquains ont une grande aversion pour le meurtre ; ils vendent ceux qu'ils jugent coupables de crimes, ils aiment mieux s'en défaire ainsi, que de les tuer (*) Les

____

(*) Il est vrai que quelques Afriquains sont chassés de leur pays et punis de leurs crimes par l'esclavage , mais selon les lois de l'équité , ils

commissionnaires pour la traite des Nègres, se chargent de fers, voyagent dans l'intérieur de la contrée, et achètent les esclaves dont ils ont besoin. Ce sont les plus grands brigands de la terre. Souvent ils volent et enlèvent plus de Noirs qu'ils n'en achètent : ils ne doivent pas en acheter de tout le monde ; s'ils subissent des perquisitions, ils sont rarement innocens, mais ils esquivent le châtiment, en répondant que les uns leur ont été vendus dans un lieu, les autres dans un autre. Ces commissionnaires et ces voleurs, appelés marchands, sont des brigands Afriquains, corrompus par leur communication avec les Européens. Néanmoins, quoiqu'ils soient, sans doute,

---

devraient recouvrer leur liberté, lorsqu'ils ont expié par leur travail, les crimes qui les ont fait bannir.

barbares et méchans, j'ose dire hardi-
ment, qu'ils renonceraient à leur infâme
métier, s'ils connaissaient la cruauté
des traitemens éprouvés par les esclaves.
Mais ils sont payés par les marchandises des artificieux Européens, et trom-
pés par leur astuce. Les Blancs gardent
des Afriquains dans leurs factoreries,
les couvrent de vêtemens ridicules, en
font des domestiques et des appeaux,
avec lesquels ils attirent d'autres Nègres
dans leurs piéges. Ils prétextent le plus
souvent des voyages vers la mer, ils
annoncent à leurs esclaves qu'ils veulent
en acheter de nouveaux, et qu'ils les
traiteront comme les anciens. Alors les
Afriquains enlèvent leurs compatriotes
pour en faire des domestiques. Les
Blancs prennent aussi quelques-uns de
ceux qui demeurent à la factorerie,
et qui, gagnés par des colifichets, donnés à eux ou à leurs amis, pressent

eux-mêmes le départ. C'est ainsi que se font les levées de soldats en Angle-terre. Ainsi les Anglais se vendent eux-mêmes, et vendent les autres. Ainsi se conduisent, en Afrique, les vo-leurs d'esclaves et d'enfans. Mais les Européens n'ont pas cette manière de se procurer des hommes. Ils donnent aux princes d'Afrique, qui ont de la scélératesse, des présens pour avoir un certain nombre de Nègres. Ces mauvais rois excitent alors leurs sujets à la guerre, en leur faisant entrevoir des déprédations terribles ; et quelquefois, quand les engagemens sont formés, ils font eux-mêmes avorter leurs projets ; mais plusieurs citoyens ont été victimes de l'avarice et de la cruauté de leurs chefs. Ainsi les Blancs employent tous les moyens pour se procurer des es-claves ; ainsi leurs forts et leurs facto-reries sont des cavernes de voleurs.

Mais on dit encore : « les Afriquains » vendent leurs femmes et leurs enfans ; » rien n'est plus opposé aux lois de » la nature, et rien ne peut excuser » ces actions ». Telle est la tendresse des Nègres, pour leur famille, que le commerce de leurs amis, pendant une année, ne peut les accoutumer à la perte d'un enfant. Comment refuser aux hommes de l'affection pour leur famille, lorsque mille circonstances découvrent que cette passion est naturelle, même aux brutes. Il faut défendre une bien mauvaise cause, pour ne pas dire qu'un doux instinct, inné dans le cœur des animaux, anime avec encore plus de forces, toute l'espèce humaine. Comment penser qu'un homme sensible peut se consoler en pleurant, de la perte de ses parens, de ses amis, de sa liberté, de son bonheur et de plusieurs autres liens aussi chers et aussi impor-

tans. Les peuples que l'on enlève annuellement de la Guinée sont né[s]
libres , et aiment leur patrie et leur
liberté autant que les fils & les filles de
l'heureuse Angleterre. Les Afriquains
sont dressés à un service militaire , non
pas tant par la volonté de leurs chefs
que par leur propre inclination. Être
prêt à défendre sa patrie , c'est , suivant
eux , avoir pour son roi le plus grand
respect. La forme de l'administration
ressemble à l'ancien régime féodal de
l'Ecosse. Divers capitaines , qui ont
la confiance du souverain, gouvernent
l'état. Le peuple est libre , mais il a
beaucoup à souffrir de l'avarice des
capitaines , et des inimitiés et des guerres
qui naissent entre eux. Les Noirs aiment
leur liberté et leurs droits, autant que
les autres peuples ; et l'Ethiopien est
peut-être de tous les habitans du globe
le plus passionné pour ses privilèges.

Les protecteurs et les fauteurs de l'esclavage soutiennent , pour excuser leur brigandage , que la loi de Moïse, et la pratique constante de tous les siècles, autorisent la servitude ; et ils ajoutent que les Afriquains , par leur caractère et leur couleur , sont particulièrement destinés à porter des fers.

Les avocats de l'esclavage n'employent que ces moyens de défense , et leurs adhérens , en général , les répètent , sans savoir ce qu'ils disent. Je vais examiner ces discours , et je prouverai que ceux qui les tiennent se trompent eux-mêmes , et trompent les autres. On n'est jamais plus exposé à être égaré , que lorsque les séducteurs se couvrent du masque de la vérité. Ceux qui ne croient pas à la révélation divine, sont inconséquens, s'ils se servent de la loi de Moïse , pour prouver qu'une classe d'hommes a le droit d'en mettre

une

une autre aux fers. Ils doivent seulement examiner s'il est vrai ou faux, que des hommes puissent opprimer justement leurs frères ; si les Afriquains, pour être moins instruits que les Blancs, ont moins d'intelligence ; et si dans les sujets abandonnés à la sagesse humaine, ils ne sont pas tous également exposés à l'erreur. Ecoutons les vrais préceptes de la raison, et nous apprendrons qu'aucun homme ne peut légitimement priver son semblable de la liberté. Ce sont eux qui ont guidé les nobles défenseurs des privilèges universels et naturels de l'humanité. Quand les sciences ne sont éclairées ni par le flambeau de la révélation, ni par celui de la raison, elles sont plus dangereuses que l'ignorance ; car elles s'appuient sur les ouvrages de la sagesse divine, quand elles y découvrent quelque chose qui peut s'accorder avec leurs projets, ou pervertir les hommes. Voilà

D

les vrais moyens de précipiter les mor
tels dans l'erreur ! Ainsi les prétextes
des voleurs d'esclaves , sont d'une mé‑
chanceté grossière , et sont des abus
diaboliques et inconséquents des livres
sacrés ; car c'est abuser de la Bible que
d'y chercher la justification de ses crimes.
Il vaut mieux n'en faire aucun usage ,
ou même n'y pas croire , que d'imiter
ceux qui la tordent pour s'autoriser dans
le trafic injuste et abominable des
Nègres.

Ainsi tout homme qui croit aux saintes
Écritures dira certainement avec nous ,
que « tous les hommes sortent de la
» même souche, qu'ils sont tous de la
» même espèce ; et qu'un sang d'une
» même nature, coule dans les veines
» des individus de toutes les nations ».
Nous autres Nègres , nous en pouvons
conclure avec raison , que nous ne
sommes pas une espèce inférieure aux

Blancs , et que la couleur , les traits ·
et les formes du corps ne peuvent fournir
à aucun peuple le prétexte d'en enchaîner un autre.

Tous les habitans actuels du monde ,
descendent de Noé , et ont tous été
d'abord constitués de même. La différence que nous appercevons maintenant,
entr'eux , n'est venue qu'après leur dis-
persion sur les diverses parties du globe.
Ainsi , nous voyons souvent des frères
ne pas avoir les cheveux de la même
couleur, et ne pas avoir le même teint.
Dieu seul qui règle la nature , établit
les variétés comme il lui plaît. Il n'est
pas en la puissance de l'homme de faire
qu'un cheveu soit blanc, plutôt que noir,
En observant la nature , nous trouvons
que les mortels sont constitués pour
les climats où ils vivent. Ainsi leur
couleur varie depuis l'équateur jusqu'aux
pôles. Néanmoins les tems , les lieux ,

et la manière de vivre changent manifestement la constitution, la couleur, et les traits des naturels, et les rendent aussi différens des autres peuples de la même latitude que de ceux des autres climats. Ainsi les habitans des contrées stériles du globe, ne ressemblent pas plus aux habitans des contrées fertiles, que les habitans des pays chauds, aux habitans des pays froids. La complexion de chaque personne, est analogue à la fécondité et à la température de sa patrie ; il est donc raisonnable de croire que Dieu, qui a placé les hommes dans des lieux différens, accorde à tous également son amour et sa protection. Il n'est donc pas permis de mettre les Nègres aux fers, parce que leur complexion n'est pas celle des Blancs.

Nous venons de montrer que, parmi les hommes, la différence de couleur est seulement incidentale et relative au climat. Toutes les espèces du genre-humain sont donc égales entre elles , elles ont donc toutes les mêmes droits à la jouissance des bienfaits de la divinité. Cependant j'ai vu des Blancs avoir l'audace de dire que les Afriquains sont noirs , parce que Dieu a maudit leur père et toute sa postérité. Ces ignorans Européens disent que nous descendons de Caïn , comme si toute la race de Caïn n'eût pas été exterminée par le déluge universel.

Noé , ses trois fils , Japhet , Sem et Cham , furent , avec leurs femmes , les seuls qui trouvèrent grace devant Dieu. Les personnes qui croient à la bible disent que Cham et toutesa postérité ont été maudits de Dieu ; elles ajoutent que l'Afrique a été vraisemblablement peuplée par les descendans de Cham. Mais elles fournissent, aux protecteurs de l'esclavage , de vains moyens de défense.

On ne peut nier que Cham n'ait été très-coupable d'avoir laissé son fils Canaan se moquer du vieux Noé couché indécemment; parce que le vin , dont il ne connaissait pas les effets , lui avait fait perdre la raison. Noé maudit Canaan, bénit Sem et Japhet, et prédit que toute la race de Canaan servirait la postérité de ses deux oncles. Les descendans de Canaan peuplèrent, dans l'Asie occidentale , le pays auquel ils donnèrent leur nom. N'oublions pas qu'il n'y eut que Canaan et sa postérité qui aient été frappés de la malédiction divine. N'oublions pas qu'ils ont été punis de leur idolatrie et de leurs crimes; les uns par les Hébreux , les Assyriens , les Chaldéens , les Perses , et les autres , par les Grecs , les Romains, les Sarrasins , les Turcs; n'oublions pas qu'ils ne sont pas allés dans l'Afrique. Mais ressouvenons-nous que quelques Cananéens, suivant les historiens, s'enfuirent de leur pays, à l'approche de Josué, et se retirèrent en Angleterre. Ne pouvons-nous pas croire que s'ils sont toujours maudits de Dieu, ils sont plutôt reconnus par leur méchanceté que par leur couleur. Quels sont donc les enfans de Canaan ? Les Afriquains ou les voleurs d'esclaves ? Comparez leurs actions et prononcez.

Si l'on demande de qui sortent les Afriquains ; je prierai d'abord de se rappeller que Canaan fut le seul fils de Cham, maudi par l'Être-suprême ; et je dirai ensuite, que les Afriquains descendent de Chus, l'aîné des fils de Cham, qui s'établit au sud-ouest de l'Arabie, et dont la postérité a été connue des Hébreux, sous le nom de Chusites. Les enfans de Chus, pénétrèrent dans les parties intérieures et méridionales de l'Afrique, et comme ils fixèrent leur séjour sous la Zône Torride, ou près des Tropiques, leurs descendans devinrent graduellement très-noirs. Cette couleur est naturelle aux habitans des climats brûlans.

Les hommes éclairés et réfléchis doivent savoir que la couleur ne peut pas être une marque de malédiction originelle et imprimée plus particulièrement sur les Afriquains que sur aucun autre peuple. Ainsi il n'y a pas plus de prétextes pour réduire un Nègre à l'esclavage, que pour y réduire un Blanc. L'ignorance et les erreurs de l'imagination, appuiées sur la protection générale, accordée au trafic des Noirs, ont pu seules affermir les Européens dans l'opinion que l'esclavage des Afriquains est légitime ; elles seules ont pu persuader qu'il est moins criminel de maltraiter et de persécuter un Nègre qu'un autre homme.

Les fauteurs de la servitude disent encore pour défendre leur cause, que les hommes de tous les tems et de tous les lieux ont eu des esclaves. J'avoue qu'il y a toujours eu des esclaves. Mais cela ne justifie pas l'esclavage, cela ne prouve pas qu'il est légitime et nécessaire, et qu'il est conforme à la vraie nature de la société humaine. Quand les lois de la civilisation furent brisées, les droits des hommes furent violés, les propriétés furent envahies, et les moins forts furent opprimés, et souvent contraints à porter des fers. Les déprédations et les vols étaient fréquens. Les pauvres vendaient leurs bras à des protecteurs qui les défendaient contre la misère, les bêtes et les brigands. Tel était l'état grossier des hommes dans les commencemens de la société, et dans les établissemens des royaumes. Mais quand les empires devinrent puis-

sans et superbes, ils eurent besoin d'augmenter leurs territoires , et ils s'em-
parèrent des demeures de leurs voisins,
faibles et peu nombreux. Ces malheureux , privés de leur subsistance , et
chassés de leur retraite , s'enfuyaient
au gré de leurs chefs. Mais lorsqu'ils
étaient sans ressource , ils se soumet-
taient à leurs tyrans , et perdaient pour
toujours leur liberté. Aussi quand ils
couraient de grands dangers et qu'ils ne
trouvaient aucun appui , ils se vendaient
eux-mêmes pour esclaves, au prix qu'on
voulait bien leur accorder. Les infortunés ! ils ne pouvaient choisir un meilleur sort ! — Bientôt les acheteurs d'esclaves formèrent entr'eux des associa-
tions , firent tomber les hommes sans
secours, dans leurs pièges, les forcèrent
à se vendre, et à confier leur existence
à d'autres voleurs qui les achetaient.
Car ou sont les hommes qui achètent

des esclaves pour les rendre libres ? Où sont ceux qui ne les accablent pas de travail ? Tout le tems qu'on est dans la servitude, on est sous la jurisdiction des brigands. Tout homme qui en force un autre à le servir sans récompense, est un voleur. Fournir à un esclave les choses de première nécessité, le faire vivre, ce n'est pas le récompenser. Dépouiller quelqu'un de sa liberté, c'est commettre un vol plus affreux que si on le dépouillait de ses propriétés. Dans quelque tems et dans quelque circonstance que ce soit, on ne peut mettre personne dans la servitude, sans être barbare et injuste; servir volontairement, ou servir malgré soi, sont deux choses absolument différentes. L'esclavage ancien n'a jamais été aussi barbare que l'esclavage moderne.

Je vais maintenant examiner l'espèce de servitude admise par la loi de Moïse,

et je montrerai qu'elle n'était pas contraire à la liberté naturelle des hommes,
mais qu'elle était aussi juste que les
circonstances et le tems le requerraient.
Il n'y a pas plus de mal de faire un
traité avec un homme qui vend sa liberté de son plein gré, qu'il n'y en a
entre deux hommes qui ont formé une
société, et dont l'un est forcé par les
événemens de vivre au loin et en repos,
tandis que l'autre est chargé de toutes
les affaires. Ainsi les esclaves étaient
jadis, souvent les intendans de leurs
maîtres et quelquefois leurs héritiers.
On peut légitimement acheter un homme
déjà esclave, mais on doit lui rendre
sa liberté, lorsque son travail a payé
sa rançon. On peut de même se faire
servir par un homme dont on a acquitté
les dettes, jusqu'au tems où son service
a remboursé l'argent qu'on lui avait
avancé. En général, ceux qui s'étaient

vendus pour acquitter leurs dettes, ou parce qu'ils étaient pauvres, n'étaient pas chez les Israëlites, esclaves avec leurs enfans, mais vassaux. Ils étaient de livrés de leurs dettes, et non pas en captivité. Ils payaient une taxe annuelle, égale à-peu-près à celle qu'un pauvre, en Angleterre, paie pour le loyer de sa chaumière. Car dans les beaux pays de la liberté, il y a plusieurs milliers d'habitans qui n'ont pas un pouce de terre, et qui ne peuvent se fixer dans aucun lieu sans donner de l'argent.—Cela ne les rend pas esclaves. Ainsi dans la Judée, les esclaves ou vassaux ne se commerçaient pas comme des meubles et des fonds ; on ne disposait pas d'eux, comme on dispose des bêtes de somme ; si on les faisait changer de maîtres, c'était de leur consentement. Peut-être n'y a-t-il pas eu un seul Juif qui ait acheté un homme qui ne voulait pas

le servir. Mais quand la convention était
faite entre le maître et l'esclave , si le
vassal agréait son service , il ne pouvait plus être renvoyé ; et il refusait
quelquefois sa liberté , lorsque le tems
fixé pour la fin de son esclavage arrivait.

L'état auquel furent réduits les Cananéens qui survécurent à leur patrie , ressemblait beaucoup à celui du
pauvre , dans les contrées libres. Ils
conduisaient le bois , portaient l'eau ,
et étaient payés en proportion de leurs
peines. Leurs familles et eux avaient
abondamment les choses nécessaires à
la vie. Ils étaient libres ! Voulaient-ils
s'en aller ? il n'était pas permis de les
frapper. On ne faisait pas de recherches,
on n'offrait pas de récompense à celui
qui apporterait sa tête. Mais dans les
Indes occidentales , l'Européen qui ra-
mène un esclave perdu ou qui apporte
sa tête sanglante , comme celle d'une

bête dangereuse qu'il a tuée , est payé.— Pensée révoltante. — Il est payé ! et cette loi cruelle et horrible est toujours en vigueur dans quelques colonies Anglaises !

Ainsi les Cananéens , quoique destinés par l'Être-suprême, à l'esclavage et aux emplois pénibles , étaient mieux traités que ne le sont les esclaves Nègres. Ils pouvaient adorer Dieu dans le temple de Jérusalem. Ils avaient les mêmes lois que les Israélites, ils observaient, comme eux , les jours de repos , de sabbat et de fètes; ils ne pouvaient pas travailler à la terre, pendant les jours saints. Ils n'étaient pas obligés de travailler tous les jours ; et si, dans les tems et les saisons convenables , ils n'avaient pas amélioré leurs champs, ils ne périssaient pas de faim. Mais les Noirs.... Aussi peut-on dire avec justice que , quelque nom que l'on donne à la servitude des

Cananéens, elle était plus douce que n'est celle des Afriquains ; comparer l'ancienne avec la moderne, c'est mettre l'équité et le bonheur en parallèle avec la bassesse, la cruauté, la brutalité et la misère.

Il est donc démontré que la servitude établie par les lois divines, chez les Juifs, était une politique civile et religieuse, et n'était opposée ni aux lois de la nature ni à la liberté. Cette espèce d'esclavage était même judicieuse. Ainsi la providence a toujours entremêlé sagement la richesse avec la pauvreté, la prospérité avec l'adversité, le bien avec le mal. Ces disparités exposées dans les lois écrites par Moïse, sont conformes à l'équité, à la bonté et à la sagesse du maître de l'univers ; d'ailleurs ce que les lois divines semblent permettre de contraire à la liberté, fut seulement établi pour un tems déterminé,

miné, et pour instruire les hommes.

Ainsi en consultant Moïse, autant que j'en ai été capable, je n'y ai rien trouvé qui pût autoriser la servitude des Nègres. Mais au contraire, la Bible défend expressément au chrétien d'avoir des esclaves tels qu'il en a actuellement. Il est important pour lui de connaître la véritable constitution de l'esclavage ; qu'il lise les livres saints, il verra qu'autrefois cet état n'était qu'un service facile et assujetti à des formes nullement accablantes. Il sera ensuite persuadé que toutes les choses doivent rester à la place fixée par la bonté de Dieu, et que la servitude moderne n'est pas appuyée sur les lois saintes.

Observons que le Créateur s'est plû à établir les variétés de la nature, et à les exprimer dans la Bible, pour l'instruction du genre-humain. Ainsi, tous les usages et toutes les constitutions morales et naturelles sont des emblèmes et des allégories qui doivent faire connaître la bonté infinie de Dieu, et montrer aux hommes les moyens d'expier leurs crimes.

Ceux qui examineront avec attention et sans préjugés; les allusions des livres saints, remarqueront qu'elles enveloppent des vues plus vastes et plus utiles qu'on ne le pense. Mais leur explication appartient à la métaphysique et à la théologie; je choisirai donc seulement ce qui a un rapport immédiat avec le sujet que je discute.

Je ferai voir que, peut-être, la diversité de couleur et de complexion n'a pas été imprimée sur les hommes, pour être seulement une variété dans la nature. Je ferai voir qu'il n'est pas plus criminel aux Afriquains d'être noirs, qu'il ne l'est aux léopards d'avoir la peau parsemée de taches. Ainsi lorsque

Jérémie a dit » quand l'Ethiopien chan-
» gera de couleur, et quand le Léopard
» n'aura plus de taches; alors vous ferez
» le bien , comme vous faites le mal
» actuellement. « N'était-ce pas dire
clairement qu'il est aussi impossible à
l'homme de se dépouiller par lui-même
de ses penchans vicieux , qu'il est impossible aux Noirs de quitter leur couleur ? N'était-ce pas dire que toutes
les ames sont naturellement empreintes
de la noirceur du crime ? N'était-ce
pas dire que tous les hommes Noirs ou
Blancs sont souillés du péché originel?
Rendons graces à Dieu ! le sang de
Jesus-Christ efface tous les crimes , et
rend les hommes les plus coupables
aussi saints que les anges. Rendons
graces à Dieu ! la source de la vie et
du salut , de la lumière et de la joie
est ouverte. Nous pouvons puiser dans
les ruisseaux salutaires de l'évangile.

E ij

Rendons graces à Dieu ! lui qui peut rendre la vue aux aveugles et l'ouïe aux sourds , peut vouloir que sa grace visite les hommes les plus pauvres , les plus ignorans , comme les plus savans. Les Afriquains ne sont donc pas plus coupables que les Blancs. Il en est donc de la diversité de couleur parmi les hommes , comme des diverses nuances de l'arc-en-ciel. Il est donc aussi peu criminel d'être Noir ou Blanc que de porter un habit noir ou un habit blanc. qu'importe lorsque l'on meurt , d'être blanc ou noir , homme ou femme , grand ou petit , jeune ou vieux ! aucune de ces différences n'altère l'essence de l'homme.

Plus on examine la Bible , moins on y trouve de lois qui permettent l'esclavage. Il est aussi épouvantable de mettre les hommes dans les fers qu'il le serait d'offrir encore des bêtes en sacrifice au dieu vivant. Ne pourrait-on pas dire que la servitude tolérée par Moïse est allégorique, et représente l'homme dans les fers du péché ? Ainsi les Juifs, soumis aux Egyptiens, peuvent être l'emblême des mortels dominés par leurs passions ; et les Juifs libres et vainqueurs de leurs ennemis, peuvent être celui du sage qui a surmonté ses penchans. Maintenant, c'est le sens figuré de la loi de Dieu que l'on doit suivre ; et qui recommande la justice et la bienfaisance , et défend par conséquent l'esclavage.

Enfin, les guerres elles-mêmes des Israëlites et la destruction des Cananéens, etc. ont produit des abus très-condamnables, ont renversé les principes de la morale, et ont encouragé le crime. Cependant les Cananéens furent chassés de leur pays, à cause de leurs forfaits et de leur méchanceté. Mais cet exil ne peut-il pas être emblématique ? Ne peut-on pas croire qu'il a été ordonné pour apprendre à tous les hommes, à craindre et à respecter celui qui est Dieu ? Pourquoi les guerres des Israélites ne seraient-elles pas la figure des guerres spirituelles que les justes ont à soutenir ? Pourquoi Samuel, exterminant le roi Agag, suivant les ordres de Dieu, ne nous désignerait-il pas que nous devons *couper et déraciner avec l'épée du Seigneur*, notre passion favorite? Pourquoi Saül, chassé du trône pour sa désobéissance, ne nous annoncerait-il pas que l'infidele sera banni du royaume de Dieu ?

Ainsi l'on peut regarder l'ancien testament comme une allégorie continuelle de ce qu'il importe le plus au chrétien de connaître et de pratiquer ; ainsi s'il ne faut pas suivre littéralement tous ses préceptes, il faut néanmoins ne les oublier jamais.

Il me semble maintenant avoir démontré, jusqu'à l'évidence, qu'il n'y a, dans la bible, aucunes des propositions sur lesquelles les fauteurs de l'esclavage étayent leur conduite. Ainsi, ni la nature, ni la raison, ni l'écriture sainte, ne permettent de mettre les Nègres dans les fers, plutôt qu'aucun autre peuple.

Sans doute quelques-uns de mes argumens n'auront aucun poids pour ceux qui ne croient pas aux livres saints, et n'en font aucun cas. Mais quels que soient les prétextes dont ils couvrent leur conduite envers nous malheureux Afriquains, je leur dirai : » Enlever à » un homme une propriété quelconque, » soit par astuce, par violence ou par » adresse, c'est commettre un crime. » Mais pour enlever les hommes eux- » mêmes, et les mettre dans l'escla-

» vage , il faut être un monstre. « *De quelque couleur que soit sa peau, qui ne donnerait pas tout pour sa vie ? Qui* n'aimerait pas mieux perdre toutes ses propriétés , que perdre sa liberté ? Le fou seul peut penser autrement. Il faut donc être insensible ou inconséquent , ou insensé , pour croire qu'il soit juste de réduire les Noirs à l'esclavage.

Si parmi les hommes il s'en trouve qui , semblables aux bêtes voraces , employent toutes les nuits à chercher leur proie , il en est encore d'autres qui dès le point du jour , s'opposent à tous les devoirs imposés par la civilisation , déchirent toutes les lois de l'équité , et traitent de préjugés, les préceptes contraires à leur conduite. Tels sont les voleurs d'esclaves , les marchands de chair humaine et leurs vils agens. L'opinion publique s'est élevée contre eux avec force , ils ont été contraints de masquer leur avarice avec des lambeaux qu'ils disent avoir pris dans les livres saints ; ils enveloppent leur arsenic, cachent leurs crimes, et n'en sont que plus odieux. Ainsi, les guerres des Israélites, l'exil et l'esclavage des Cananéens, ect. ont toujours servi de prétextes aux cruels oppresseurs des Afriquains. Ainsi les ravisseurs des Noirs veulent encore faire croire que la loi de Moïse est la sauve-garde de leur barbarie. Cette loi cependant, comme je viens de le démontrer, ne peut en aucune manière excuser la servitude actuelle. Retenir les Nègres dans les fers, c'est donc transgresser les commandemens de Dieu même.

La punition des Cananéens a été un piège où sont tombés les Européens. En sont-ils moins coupables ? Doivent-ils penser que des peines infligées à des criminels, leur permettent la déprédation, et les autorisent à enchaîner et à commercer des innocens. O horreur ! Pourquoi ne serait-on pas persuadé qu'ils recevront quelque jour, la récompense due à leur indignité ?

Il n'est rien de plus absurde, de plus ridicule et de plus affreux que de conclure d'après la bible et les annales des diverses nations, la légitimité de la servitude des Nègres. — Supposons que deux ou trois hommes mal organisés et cruels regardent une foule de peuple faisant pendre un criminel à un arbre. L'exécution finie, ils s'éloignent, prennent un sentier détourné, rencontrent un innocent, et précisément parce qu'ils ont vu pendre un homme, ils saisissent cet innocent et le pendent. Maintenant si le peuple sait ce que ces foux féroces ont fait, hésitera-t-il un instant entre son action et celle de ces insensés ? Non sans doute. Mais s'il peut s'en emparer, il les renfermera à Bedlam (*), ou même les fera mourir. Néanmoins, ces méchans, ces stupides ne pourraient-ils pas se défendre ? Ne diraient-ils pas qu'ils n'ont fait qu'imiter le peuple ? Ne diraient-ils pas que, si le peuple n'avait pendu personne, ils n'auraient pas pendu l'homme qu'ils ont trouvé sur leur chemin ? Certes, cette excuse serait inutile ! Telle est cependant celle sur laquelle s'appuient les marchands de chair humaine. Les voleurs et les oppresseurs de Nègres sont seulement plus coupables encore, que ces foux. Ils ont battu tous les sentiers de la barbarie, ils ont contourné tous les faits pour en former des exemples. Qu'un homme soit mis à mort pour ses crimes, ou par des scélérats, que leur

____

(*) Hôpital des fous, à Londres.

importe ; cela les autorise à satisfaire leur avarice. Que ce soient les Cananéens, soumis pour leurs forfaits, ou les Israëlites soumis par l'iniquité des Cananéens, que leur importe ; il a existé des esclaves. S'ils voient des monstres qui volent, enchaînent, battent de verges, déchirent, par la faim et les tortures, une partie faible de l'espece humaine, ils pensent que cela est juste, et ils le font. Les Grecs, et les Romains, et d'autres nations policées, mais souvent inhumaines, ont, peut-être, agi de même autrefois Les fauteurs de l'esclavage voudraient persuader que ces exemples les autorisent actuellement, ils examinent en vain les préjugés anciens et modernes, la base de leur conduite sera toujours vile et abominable. Le résultat des calculs et des comparaisons des commerçans d'Afriquains, sera toujours la honte de l'humanité. Ecoutons les cris des Nègres assassinés ! Écoutons les gémissemens des Nègres accablés par l'esclavage !

Pour penser que la traite et la servitude des Nègres soient permises, il faut avoir étouffé en soi, toute espèce de sensibilité. Mais choisir ces moyens de s'enrichir, se complaire dans sa méchanceté, et mettre des innocens dans les fers, c'est être un monstre. Cependant ces deux classes composent presque la société entière. Tels sont les hommes ; conduits par l'intérêt, ils n'examinent pas leurs préceptes, sans y être forcés par leur intérêt même. S'ils défendent leur avarice et leur avidité, ils fournissent des milliers d'excuses. S'ils ne sont pas attaqués, ils sont indifférens, et laissent tranquillement les méchans commettre leurs crimes. Tels sont les hommes ; s'ils prospèrent, le malheur des autres ne les touche pas. Ainsi ceux

qui sont élevés aux premières places,
et qui peuvent étendre au loin leurs
vues et leurs bienfaits, ferment-ils les
yeux sur la traite et l'esclavage des
Nègres. Aussi malgré les vertus si vantées des nations civilisées et éclairées,
ne s'opposent-ils pas au torrent du brigandage et de l'oppression qui engloutit
l'Afrique.

*On trouve souvent des routes qui paraissent bonnes, mais qui conduisent
à la mort.* Parmi les possesseurs d'esclaves, il en est qui croient que l'esclavage est légitime. On est obligé de
leur dire et de leur prouver que la servitude est seulement permise par la
brutalité et la méchanceté. Ces hommes
ne connaissent pas la rectitude morale;
ainsi pendant que le soleil éclaire l'univers, le vil hibou ne voit rien.
Celui qui a abandonné les sentiers de
la vertu et de la philantropie, est bientôt

absolument vicieux ; s'il est dans les hautes dignités et qu'il se pare de sensibilité et de prudence, ses prétendues vertus ne sont qu'une scélératesse masquée. Elles sont aussi loin des vertus utiles, que la valeur intrinsèque du *ver-luisant* est loin de celle du diamant. L'homme tourmenté par l'amour de l'humanité, est le seul vraiment vertueux.

Les lois divines sont fondées sur l'amour ; *tu aimeras*, disent-elles, *ton Dieu de tout ton cœur et de toute ton ame, et ton prochain comme toi-même.* Dieu, après avoir créé les hommes, leur a commandé de s'aimer et de ne former qu'une famille. Mais bientôt la désunion s'empara de plusieurs esprits, et les rendit envieux et ennemis de tous les autres. Les tyrans et les bourreaux des Nègres paraissent descendre de ces moustres. Ils parlent de leur supériorité , de leur dignité. L'homme humain méprise leurs titres infâmes , et regarde tous les hommes comme ses frères et ses amis. Dans toutes les circonstances et dans tous les lieux , il tâche de leur faire du bien. Il accueille le malheureux qu'il ne connaît pas. C'est un frère ! c'est un ami ! lui demander un service , c'est chatouiller agréablement tous les nerfs de son ame.

La Bible a dit « *la même loi et les* » *mêmes usages* sont prescrits univer- » sellement *pour vous et pour les étran-* » *gers qui vivent parmi vous.* » Les hommes dispersés sur toute la terre doivent donc jouir des privilèges de la loi de la rectitude , de l'équité et de l'amour ; un service volontaire est la base de toute société humaine, civile et religieuse. Si vous servez , c'est librement , et vous pouvez aussi vous faire servir ; si vous faites du bien on vous

vous le rendra. Voilà la justice. Mais ceux qui s'emparent de la liberté des hommes , et qui les contraignent de servir sont injustes. Ce sont des brigands qui violent les préceptes de la raison, de la société , de l'humanité; ils ne sont pas punis! Cependant Dieu et les hommes ordonnent que ceux qui enfreignent les lois , perdent la liberté , et quelquefois la vie.

La rigoureuse équité ne réside plus parmi les hommes , les principes grossiers de la première civilisation sont seuls maintenus. Autrement aurait-on souffert si long tems les infâmes repaires des marchands de chair humaine. Autrement , aurait-on souffert que les pauvres et infortunés Afriquains devinssent la proie des Européens. Les Nègres n'ont jamais passé les mers pour voler les Blancs. Il est aussi odieux d'enlever, de vendre, d'acheter , et de mettre dans l'esclavage un Noir, que si l'on en agissait ainsi avec un autre homme. Supposons que quelques pirates Afriquains aient été aussi adroits que les Européens, et qu'ils aient fait des excursions sur les côtes de la Grande-Bretagne ou ailleurs ; supposons même qu'ils aient été assistés par quelques Anglais ; car parmi vous, il en est d'assez vils pour embrasser ce parti avec joie, s'il y avait de l'argent à gagner. Supposons que mes compatriotes, aidés par les vôtres, aient enlevés vos fils, vos filles, vos femmes, vos amis, et les aient mis dans un esclavage per-pétuel et barbare. Vous penseriez cer-tainement que ces pirates, armés pour la traite des Blancs, méritent tous les châtimens que l'on pourra leur infliger. mais les pirates Européens de quelque nation qu'ils soient sont aussi criminels. Ils n'ont pas plus de droit sur les Afri-

quains , que les Afriquains n'en on
sur eux.

Poursuivons les pirateries des Euro
péens dans leurs derniers retranchemens ;
après avoir montré qu'elles sont défen-
dues par la loi de Moïse , faisons voir
qu'elles sont proscrites par la loi du
Christ ; *ne faites pas à autrui* , dit-elle ,
*ce que vous ne voudriez pas qu'on vous
fît.* Il y a-t-il des voleurs d'esclaves
qui voulussent être esclaves , être traités
comme des chiens , et vendus comme
des bêtes de somme ? Ainsi les voleurs
et les marchands de Nègres transgressent
évidemment toutes les lois. Ils sont
même plus coupables que ne le seraient
des Noirs qui prendraient de l'autorité
sur leurs maîtres , et les forceraient à
servir sous eux. Ne craignez pas que
les Afriquains se vengent , ils ont appris
à *pardonner les injures* ; ils savent que
les mauvais exemples ne légitiment pas

les mauvaises actions ; ils aiment mieux être déchirés à coups de fouet, et souffrir la faim, la soif, toutes les injures de l'air, que de prendre note des traitemens qu'ils subissent. Si la loi de la nature permet la vengeance, la loi de Dieu commande l'indulgence et le pardon. Rien n'est plus sage. N'écoutons pas les passions ; elles nous emportent au-delà de l'équité. Si un barbare m'a arraché un œil, si je veux le punir, je lui arracherai les deux yeux, il lui sera donc permis à son tour de se venger du tort que je lui ai fait. Quel sera donc le terme de la vengeance ? Ainsi un Nègre qui aurait été esclave, estropié et traité cruellement, ne châtiera pas son oppresseur, quand bien même les circonstances le feraient tomber entre ses mains. Les Afriquains, après leur délivrance, seront obligés de chercher des protecteurs et non pas des moyens de vengeance. C'est Dieu seul qui doit récompenser les tyrans des Noirs , ennemis et violateurs de ses lois.

La loi de Dieu est formelle , elle s'exprime ainsi : *celui qui volera un homme et le vendra , mourrera dès qu'il aura été convaincu de son crime.* Ex. ch. 21. ℣. 16. Cependant les chrétiens qui doivent connaître la Bible , n'ont aucun égard à cette loi. Ils punissent de mort , le vol et l'escroquerie de l'argent et des autres biens. Ils devraient donc , si cela était possible , faire mourir deux fois, celui qui vole un homme , et le met dans l'esclavage. Mais le souverain juge de l'univers , à cause de sa bonté et de la dépravation universelle des hommes , a bien voulu adoucir la sévérité de ses lois; il ne prononce la peine de mort que contre les assassins et les mortels coupables de forfaits atroces. Cette indulgence n'altère pas la loi. C'est seulement un sursis qui donne au criminel le tems de se jetter dans les bras du repentir, et d'obtenir le pardon de son iniquité. Mais s'il n'expie pas son crime par le remord, s'il ne réforme pas sa vie, s'il persiste dans ses mauvais principes, il est pour toujours frappé de la malédiction divine, et il subit le supplice indiqué par la loi juste et sainte du Tout-puissant. C'est le Christ lui-même qui l'a annoncé. Les Scribes et les Pharisiens lui amenèrent une femme surprise en adultère, en demandant le châtiment qu'elle méritait. *Que celui de vous qui est sans péché*, dit Jesus, *lui lance la première pierre.* Les accusateurs s'en allèrent les uns après les autres, et l'adultère resta seule avec le Christ. *Personne ne vous a condamnée*, lui

dit-il, *allez vous-en, et ne péchez plus.*
Ev. S. Jean. Chap. VIII. Il est donc
manifeste que, selon la juste interpré-
tation de la Bible, les grands forfaits
méritent seuls la mort. Mais quoique
dans plusieurs cas, Dieu ait eu l'indulgence d'adoucir la rigueur de ses
lois, le coupable n'en est pas moins
criminel. Au reste, lorsque les légis-
teurs établissent des lois douces, et
que les juges s'y conforment, rien
ne les dispense les uns et les autres
de la justice. La stricte sévérité est
souvent un devoir. Est-ce donc avec
indulgence qu'il faut accueillir les voleurs et les marchands de Nègres?
N'ont-ils pas horriblement offensé Dieu?
N'ont-ils pas violé ses lois? que leur
châtiment soit proportionné à leurs
fautes. Si les suites de l'enlèvement,
ont fait mourir un Nègre; que le ra_
visseur meurt! Si les mauvais traite-

mens ont fait mourir un Nègre ; le
propriétaire mérite la mort. Si un
Nègre a été estropié par son maître,
le maître doit être condamné aux amen-
des et aux peines que les juges regar-
deront comme convenables, et comme
proportionnées au malheur essuyé par
l'esclave. *Otez le mal du milieu de
vous*, dit la loi ; les hommes devraient
donc actuellement renoncer à la traite
des Nègres ; ils devraient guérir les
blessures qu'ils ont faites, et verser le
baume salutaire du christianisme sur
les plaies sanglantes que la barbarie
et l'injustice ont ouvertes depuis tant
de siècles.

Cependant je ne m'abuse pas, la
Bible, je le sais, a autorisé l'esclavage ; mais les fauteurs de la traite des
Nègres seront confondus par le texte
même des livres saints. « Si un voleur,
» est-il dit dans l'exode, chap. 22. ℣. 3,

» n'a pas assez de bien , pour restituer » son larcin, il sera vendu lui-même » (*). Suivant cette loi , les hommes qui par adresse ou par violence s'emparent du bien d'autrui , sont les seuls qu'il soit permis de faire esclaves ; et encore ne le sont-ils que lorsqu'ils ne sont pas assez riches pour réparer leurs crimes. Ce châtiment , d'ailleurs , semble être ordonné pour les forcer à se repentir et à se corriger. Cette loi a-t-elle des rapports avec les Afriquains ? Quels maux les Afriquains ont-ils fait aux Européens ? *Quand sont-ils venus les voler ?* Ont-ils jamais ravagé l'Europe ? Se sont-ils jamais emparés de leurs femmes , de leurs fils , de leurs filles , de leurs amis (**) ?

(*) Cette loi est strictement suivie en Afrique ; nous faisons des sacrifices , nous observons le jour du repos plus religieusement que l.s chrétiens.

Note du Traducteur.

(**) Cugoano ajoute , à ce que l'on vient de lire,

Que l'inconséquence des Européens
est manifeste ! Ils croient à la bible,
et ne pratiquent pas ses préceptes ; ils

---

une assez longue dissertation sur les lois criminelles ; comme elle ne m'a paru avoir aucun rap
port avec la traite des Nègres, j'ai cru devoir la
retrancher. Mais comme mon but, en traduisant
l'ouvrage de Cugoano, a été, et je l'ai déjà dit,
d'essayer de détruire deux préjugés ; 1°. celui de
la légitimité de la traite des Nègres ; 2°. celui
d'un abrutissement incurable, dont a gratifié tous
les Afriquains, je crois que l'on ne sera pas fâché
de trouver cette dissertation dans une note ; surtout actuellement, où le gouvernement s'occupe
plus que jamais de l'intérêt public, et de la réforme de nos lois, si généralement désirée. Au
reste, il serait injuste de reprocher cette digression
à l'auteur Nègre, on doit se ressouvenir du lieu
où il est né, se rappeller qu'il a été esclave, et
ne pas oublier que la manie de disserter est la
maladie épidémique de l'Angleterre. Il est peu de
leurs meilleurs écrivains qui en soient exempts. Quoi
qu'il en soit, voici les réflexions d'Ottobah Cugoano.

« Toutes les lois criminelles établies dans les
» divers royaumes, semblent être fondées sur les
» lois que Dieu a données à Noé et à ses enfans ;

les tronquent pour éblouir les ignorans et satisfaire à leur avarice. Contredisent-ils leur intérêt même en apparence ?

» lois irrévocables et universelles. *Je redemande-*
» *rai le sang de vos ames à toutes les bêtes ; je*
» *redemanderai le sang de l'homme , à l'homme •*
» *à son frère. Le sang de celui qui aura versé*
» *le sang humain , sera versé : car l'homme est*
» *fait à l'image de Dieu.* Gen. chap. 9. ℣, 5. 6.
» Si les lois de Dieu n'avaient pas été faites pour
» les hommes , celui qui punirait l'assassin par la
» mort , serait lui-même un assassin. Mais la loi
» de Dieu est la première , la plus sainte et la
» plus respectable des lois. Elle dit encore ; *vous*
» *n'ajouterez rien à mes paroles, vous n'en re-*
» *trancherez rien : observez les commandemens de*
» *votre seigneur Dieu.* Deut. chap. 4. ℣. 2. Il
» n'est donc pas permis aux hommes de punir
» l'injure ou le vol par la mort. Une loi qui fait
» mourir un coupable pour tout autre crime que
» pour l'assassinat , est donc injuste. Aucun homme
» sur la terre , n'a donc le droit de faire des lois
» qui punissent le violateur par la perte de la vie.
» Les hommes sont les promulgateurs de la loi
» divine et les officiers qui doivent la faire suivre.
» Un juge qui fait mourir injustement un homme,

ils sont rejettés. Ainsi les lois divines commandent que le voleur restitue son larcin, les lois humaines au contraire,

---

» un juge qui fait mourir un homme qui n'est pas
» condamné à la mort par les lois saintes, n'est
» donc pas irréprochable.

» Celui qui a assassiné a transgressé les lois de
» Dieu et de la société, il meurt pour son crime,
» cela est juste. Le meurtre est irréparable, il
» mérite la mort. Quelquefois même il est juste
» de faire perdre la vie à celui qui projette votre
» trépas. Ainsi il est juste de tuer les ennemis
» dans un champ de bataille. Ainsi ceux qui ont
» pris la résolution d'incendier une maison, ceux
» qui se révoltent et conspirent contre la vie des
» souverains et des citoyens, doivent quelquefois
» expier leurs mauvais desseins par la mort, s'il
» est démontré que les biens et la vie des citoyens
» ne seront pas en sûreté, tant qu'ils respireront.
» Cependant tous les cas de cette espèce semblent
» appartenir à la lâcheté et à la cruauté qui ac-
» compagnent le pouvoir absolu. Ils prêtent aux
» abus et fournissent des motifs de crimes aux
» tyrans. Ainsi dans tous les lieux on a vu des
» rois ne monter au trône que par des marches
» teintes de sang. Ainsi on a vu des rois ne

commandent qu'il meurt. Dieu a dit, *celui qui aura volé un homme et l'aura vendu, mourra;* les hommes disent que

---

» règner que pour assassiner leurs sujets. Ainsi
» on a vu souvent des exemples criminels guider
» les hommes. Ainsi Cromwel se repaissait de
» meurtre, sans jamais s'assouvir. Ainsi Charles
» second massacrait plus d'innocens que la reine
» Marie elle-même. Aussi dans les dernières ré-
» bellions, en Angleterre, beaucoup de citoyens
» qui, sous un règne paisible, eussent été de
» fideles sujets, ont-ils été suppliciés ? Mais de
» tous les odieux prétextes dont on se sert pour
» faire mourir les hommes, le plus odieux est le
» prétexte de la religion. Dieu ordonne de sup-
» primer l'idolatrie, de renverser les images, et
» de détruire les superstitions, mais il n'a jamais
» ordonné de détruire les hommes eux-mêmes. Le
» persécuteur est un assassin. Que m'importe
» l'opinion de mon voisin ! et si un homme est
» assez fou pour prendre un morceau de bois ou
» de pierre, ou un tableau pour le Créateur de
» l'univers, je dois le plaindre, mais je n'ai pas
» le droit de le persécuter.

» Les lois saintes défendent la cupidité et les
» vols ; mais une chose prise à la dérobée peut

ces actions ne sont pas toujours des crimes. Il faut donc prononcer entre le Créateur et les créatures. On pour-

---

» être restituée ; elle ne ressemble pas à un membre
» coupé ou blessé ; elle e faute peut être rép rée ;
» si le voleur ne possède rien, il doit être puni,
» mais il ne doit pas perdre la vie. Ainsi il serait
» horrible de tuer un débiteur insolvable par sa
» faute. Revenons toujours à la bible, elle dit :
» *Si un voleur, trouvé en faisant une éffraction*
» *ou en creusant pour entrer dans une maison,*
» *reçoit une blessure et meurt ; celui qui l'a frappé*
» *n'est pas coupable. Mais s'il l'a fait pendant*
» *le jour, il est homicide et mourra.* Exod. ch. 22.
» ỹ. 2. 3. Cependant la loi de Dieu pourrait, en
» quelque sorte, permettre le supplice des voleurs,
» car le larcin est souvent accompagné de cruauté
» et de violence. S'emparer des propriétés d'autrui,
» c'est presque toujours ôter la vie ou les moyens
» de subsister. Ceux qui sous ce point de vue font
» mourir les transgresseurs des lois , paraissent
» alors massacrer des assassins en se défendant. Il
» faut punir les brigands avec sévérité. Mais lorsque
» les lois humaines leur infligent la mort, elles
» doivent être regardées, comme la suite des lois
» divines,

rait parler ainsi à tous les individus
de l'espèce humaine « vous péchez
» contre les lois du Très-haut ; vous

» Dieu ayant adouci plusieurs de ses lois ; les
» mortels feraient donc très-bien de chercher les
» moyens les plus doux pour prévenir les crimes
» et corriger les coupables. Lorsque leurs réglemens
» sont contraires aux réglemens de l'Être-suprême ,
» il n'est pas permis de balancer. Ainsi les livres
» saints ordonnent que le voleur restitue son larcin ,
» et le code pénal dit qu'il mourra. L'intérêt a
» dicté l'article.

» Les plus dangereux transgresseurs des lois sont
» les faussaires et les faux-monnoyeurs ; ils do vent
» être privés de la vie ou de la liberté ; ils ne font
» pas toujours tort aux particuliers , mais ils volent
» la société entière. On n'a pas le droit d'ajouter
» à leur supplice. Ainsi l'esprit saint ne dit pas
» que le voleur mourra , mais il assure qu'il sera
» fait esclave. On peut donc le vendre. Mais on
» ne peut le vendre ni à des payens , ni à des
» gens qui ne l'éclaireraient pas, car on ne pourrait
» pas espérer que le flambeau de la vérité l'éclairera
» et le conduira dans le chemin de l'équité.
» Quelques hommes , par une assiduité ingénieuse,
» ont apprivoisé les bêtes les plus sauvages et le

» n'avez pas fait ce que vous deviez
» faire, et vous avez fait ce que vous
» ne deviez pas faire ».

» plus féroces. Pourquoi serait-il plus impossible
» de corriger des hommes vicieux? Pourquoi ne
» trouverait-on pas parmi des voleurs, des êtres
» nés pour la vertu et mal-honnêtes par faiblesse?
» S'il y en avait, n'aideraient-ils pas ensuite à
» faire renoncer leurs compagnons d'infortune à
» leurs erreurs?

» L'insigne violateur des lois de la civilisation
» est le seul qui mérite des fers. Lui et tous ses
» biens doivent être vendus au profit du public;
» ses fautes seront réparées aussi complétement
» qu'il est possible. On le gardera pour des travaux
» utiles et pénib.es; il construira des levées, des
» digues, et fera des défrichemens. Il arrachera
» des terres fertiles à la mer et aux rivières qui
» qui s'en étaient emparées. Il expiera ainsi les
» maux qu'il a faits à sa patrie. Que la longueur de
» sa peine soit proportionné à la nature de son
» crime. Qu'il ait l'espérance d'abréger son sup-
» plice par sa bonne conduite, et la certitude de
» le prolonger par une mauvaise. Que celui qui,
» pour l'énormité de ses crimes, est condamné à
» une servitude perpétuelle, soit marqué de manière

Cependant

Cependant si conformément aux lois de Dieu, les voleurs, au lieu d'être pendus, étaient condamnés à une servitude dont la longueur serait proportionnée à leurs crimes, toutes les nations pourraient avoir des esclaves. Il serait permis de les vendre aux citoyens, mais jamais aux étrangers, et la liberté leur serait accordée de droit, dès que le tems fixé pour leur châtiment serait expiré. Mais tout homme qui en force

————————————————————

» à ne pouvoit s'enfuir sans être découvert. Ah !
» sans doute le spectacle d'un seul de ces mal-
» heureux esclaves détournerait de la scélératesse
» aussi bien que des fourches patibulaires Peut-être
» même seraient-ils si sévères entr'eux, qu'il n'y
» aurait pas de société où l'on fût plus en sûreté ?
» Cette manière de confiner les hommes dangereux
» n'est pas aussi impraticable qu'on le pense
» communément. Au reste, tous les codes cri-
» minels, avec toute leur sévérité, sont l'ouvrage
» des hommes, ils ne devraient pas aller au-delà
» des lois du tout-puissant, et ne devraient jamais
» les annuller.

G

un autre à le servir est un voleur.
Celui qui est esclave malgré lui doit
s'arracher des mains de son maître ;
ainsi les honnêtes gens tombés dans les
pièges des brigands tâchent de sortir du
repaire de leurs ravisseurs. Si un esclave
ne pouvait briser ses fers qu'en en char-
geant son tyran, il aurait raison de
ne pas l'épargner. Si Dieu nous commande de pardonner le mal qu'on nous
a fait, il nous a aussi commandé d'empêcher le crime, et de nous garantir
du malheur.

Pourquoi l'espèce humaine oublie-t-
elle que le vice n'autorise pas le vice,
et que chaque être a le droit de se
défendre contre toutes les injures quel-
conques ? Aussi l'esclavage a-t-il toujours
été contraire aux lois naturelles et divines. Mais l'homme en général a été,
dans tous les temps et dans tous les
lieux, méchant, orgueilleux, insolent ;

il méprise les lois éternelles , et fait tout le mal qu'il imagine , s'il espère qu'il lui en reviendra du profit, et s'il ne prévoit aucun danger. Tels sont les voleurs , les marchands et les propriétaires de Nègres ; ils n'examinent pas et ne se soucient même pas d'examiner combien ils font de tort aux Afriquains ; ils gagnent de l'argent, cela leur suffit.

L'introduction de la captivité chez les divers peuples fit naître autrefois la peine du talion comme un préservatif nécessaire. Celui qui avait plongé un citoyen dans la servitude était puni par la servitude , comme celui qui avait tué avec une épée, était tué avec une épée. Châtier les coupables, c'est exercer la justice ; mais c'est être inique que d'aller au-delà de la peine du talion et de se souiller des crimes des oppresseurs eux-mêmes. Ainsi le gouver nement qui mettrait les tyrans des Nègres dans les fers, sans affranchir les Nègres serait odieux. Il imiterait les les conquérans suscités par la providence pour être les fléaux d'un peuple corrompu, et qui sont méchans par réflexion et ennemis de tout bien. Aussi dès qu'ils ont exécuté les décrets de la divinité, la vague de l'adversité tombe sur leurs têtes et les engloutit.

L'histoire nous montre des révolutions terribles, elle nous offre le spectable affreux d'hommes gémissant sous le fardeau de l'oppression, et faisant des efforts utiles pour leur délivrance. O mes chers compatriotes! je n'ai pas besoin de vos cris douloureux, pour me rappeller vos sanglots et leurs prières. Ce triste souvenir est imprimé pour toujours dans mon cœur. Je vous entends invoquer l'Être des êtres ; et pendant

que vous vous lamentez sous les liens déchirans de la barbarie et de la faim, il me semble qu'il vous dit « hélas !
» ô Afriquains ! vos malheurs sont les
» miens ; je suis comme l'épi que l'avide
» moissonneur a laissé dans les champs.
» La probité et la droiture sont bannies
» de la société. Chaque homme a soif
» du sang de son frère. Tous se tendent
» des pièges les uns aux autres ; tous font
» tout le mal qu'ils peuvent faire. « —
» O mes compatriotes, vous dirais-je (s'il
» n'était pas actuellement affreux de vous
» faire des reproches.) O mes compatrio-
» tes ! pourquoi avez-vous reçu parmi
» vous des mortels *aigus comme des ron-*
» *ces* ? Pourquoi avez-vous laissé établir
» parmi vous des mortels adroits et
» fourbes *comme des renards* ? O Afrique !
» encore, encore un peu de tems et
» le jour du salut arrivera. Nous verrons

» nos ennemis abhorrés et méprisés
» par-tout ».

Ce n'est pas à moi à indiquer la révolution qui forcera les Européens à abolir l'esclavage, même malgré eux. Pourrait-on dire ce qui leur arrivera si la méchanceté et l'iniquité ne les abandonnent pas ? Pourrait-on dire quelle sera la calamité qui fondera sur les odieux marchands d'esclaves et sur les nations criminelles qui les protègent ? Maintenant il doit paraître évident que le trafic des esclaves est un des plus grands forfaits, et que les nations qui les autorisent violent les lois et les commandemens du Très-haut. N'est-il donc pas juste que les auteurs et les fauteurs de l'esclavage soient punis par le Tout-puissant. Les coups de la vengeance ont été tardifs, mais ils n'en seront que plus terribles. Ils ont été différés, ils n'en seront que plus sensibles.

Il n'y a que des barbares guidés par une méchanceté infernale, qui aient pu avoir formé les établissemens que les Européens ont formé dans les autres parties du monde. Il n'y a que des monstres qui puissent commercer des hommes innocens. Aussi je ne crains pas de dire que le vol et l'assassinat ont été les bases des colonies Européennes. Les déprédations, l'oppression, l'esclavage en ont été les suites. Car s'ils volent et négocient les Afriquains, c'est pour les transporter dans leurs habitations. Certes, les peuples qui tolèrent ou encouragent ces atrocités, sont, non-seulement les complices de ceux qui les commettent, mais ils sont encore la honte de l'humanité. Comment peut-on s'associer avec les pirates et les brigands les plus scélérats ? Comment ose-t-on favoriser ou tolérer les plus vils complots ?

Quelles horreurs les chrétiens n'ont-ils pas commises en Asie, en Afrique et en Amérique ? Qui leur a permis de massacrer les mahométans ? De quel droit ont-ils dépeuplé l'Amérique entière ? De quel droit privent-ils les Afriquains de leur liberté ? Grand Dieu ! ces fiers Européens appellent les autres nations des barbares. Cependant elles ne volent et n'oppriment personne.

Sans doute il n'est pas inutile de montrer que le brigandage des Européens est la cause première de l'esclavage actuel des Nègres. Les colonies des Espagnols accueillies en Afrique et en Amérique, ravagèrent toutes les villes ; la trahison et le meurtre furent les fondemens de leur puissance, et la cruauté et la barbarie en ont toujours été les soutiens. Toutes les autres nations européennes adoptèrent les mêmes principes. Les cœurs s'endurcirent imperceptiblement. De vastes territoires étaient ruinés ; les déprédateurs enrichis des dépouilles des indigens , retournaient , dans leur patrie , jouir de leurs vols. Le sol était fertile , les bras manquaient, le pillage était impossible. Les Européens trop paresseux et trop inhumains pour aimer le travail , s'emparaient des naturels fugitifs qu'ils pouvaient attrapper. Ils les faisaient esclaves et les condamnaient à des travaux pénibles. Ces malheureux , peu accoutumés à des traitemens affreux , étaient consumés par le chagrin , et bientôt les manœuvres manquèrent encore. Mais les oppresseurs avaient vu que leur ouvrage pouvait être fait , sans qu'il leur en coutât rien. Tel fut l'origine de l'usage général de ramasser et d'en lever les malheureux étrangers qui peuvent travailler. Les Portugais furent les premiers qui volèrent les Nègres. Bientôt dévorés par la soif du gain, ils commirent les plus grands forfaits. Les Espagnols imitèrent les Portugais; ils pensèrent que la traite des Nègres leur serait très-avantageuse, et qu'elle les mettrait à même de vivre dans l'abondance et dans l'oisiveté. Les Français et les Anglais fondèrent ensuite des colonies dans les Indes - Occidentales. Tous les Européens ont paru se réunir pour voler et piller l'Afrique, et ce ne sont pas les seuls maux dont ils l'aient affligée. Leurs intrigues ont infecté les Nègres. Les combinaisons de la fraude et de la trahison leur sont familières. Les forts et les factories des Blancs sont des repaires de brigands, où ils attirent et volent les Noirs. L'Afrique est dépouillée d'habitans;

ses fils, ses filles nés libres sont arrachés de son sein avec violence, et sont faits esclaves. Aussi peut-on dire que de toutes les parties du globe, l'Afrique est la plus malheureuse. O mon Dieu, quand voudrez-vous que l'homme ne soit plus méchant ?

La compagnie royale afriquaine (ce nom doit hâter sa destruction) fut créée sous Charles second, et elle eut le pouvoir de commercer dans la Barbarie septentrionale, et d'élever des forts et des factories sur la côte occidentale de l'Afrique. Le parlement, par un acte de 1697, lui ôta son privilège exclusif, et permit à chaque marchand d'y trafiquer en payant dix livres sterling pour maintenir les forts et les garnisons. Les compagnies des divers royaumes, pour assurer leur commerce, ont construit des forts et des factories sur toutes les côtes de la Guinée. La principale occupation des habitans de ces places est le négoce de l'espèce humaine. Il est horrible, il est révoltant ; il a cependant été établi par l'autorité royale, et il est toujours permis par tous les gouvernemens chrétiens. Ainsi les nations éclairées et civilisées sont encore plus barbares que les nations sauvages et ignorantes.

Quoique j'aie vu la misérable situation des Nègres, exilés de leur patrie, il m'est impossible de la décrire. J'ai vu le commerce des factories, j'ai vu les Afriquains tomber dans le piège tendu par les blancs, et je ne puis donner une idée juste des crimes dont j'ai été témoin, et des calamités que j'ai partagées. Quelle description pourrait rendre les sentimens que les Noirs éprouvent, et les traitemens qu'ils subissent ! La trahison, la perfidie, le meurtre sont les moyens familiers de s'emparer d'eux. On les charge de fers ; on les déchire à coups de fouet pour les conduire au bord de la mer. Là on les dépouille, on les visite, on les marque, on les jette ensuite dans les vaisseaux, on les entasse dans le fond de cale comme des balots de marchandise. La mal-propreté les ronge ; la mauvaise odeur les suffoque. Aux maux que j'ai décris ; j'ajoute encore les mauvais traitemens des capitaines de vaisseaux, qui sont souvent des monstres. les Nègres sont-ils arrivés à leur destination ? les acquéreurs les dépouillent, les visitent. Leur attitude peint la honte, la mélancolie. Aux chagrins qui les dévorent, les coups de fouet sont ajoutés. Nous avons encore d'autres scènes de douleur qui nous attendent. — Tous les esclaves n'appartiennent pas au même maître. Tous ces malheureux vont se séparer. Les mères serrent leurs filles entre leurs bras, les filles leurs mères. Les pères, les mères, les enfans demandent, en sanglotant, à n'être jamais séparés. Le mari prie pour sa femme, la mère pour ses enfans. Leurs gémissemens adouciraient des monstres, mais les colons sont insensibles. Les épouses sont arrachées avec violence des bras de leurs maris. Infortunés Afriquains ; nous avons quitté pour toujours nos patries, nos amis, nos parens. — Les esclaves sont-ils livrés à leurs tyrans, les pères, les mères, pressent leurs enfans contre leur sein, les baignent de larmes. Il ne leur est pas permis de pleurer long-tems ; l'oppresseur les enlève ; ils perdent tout, jusqu'à l'espérance de se revoir. Quelle consolation pourrait adoucir leur mauvais sort ? quelques-uns mènent une vie languissante, et semblent ne respirer que parce qu'ils ont formé des liaisons avec leurs compagnons d'infortune. Mais dès que le propriétaire s'en apperçoit, ils sont séparés à coups de fouet. Être déchiré à coups de fouet, être mutilé par d'autres châtimens plus cruels encore, voilà les souffrances journalières des Nègres ; jusqu'à ce que leurs forces soient usées par la faim, le travail forcé, les mauvais traitemens, la misère, le désespoir. Hélas ! malheureux mortels, que de maux vous souffrez ! vos bourreaux prennent le nom de chrétiens !

Toutes les nations européennes ont des vaisseaux occupés à la traite des Nègres. Tous les esclaves ne sont pas vendus à des colons inhumains. Quelques-uns appartiennent à des maîtres qui les traitent avec indulgence et commisération ; quelques-uns deviennent libres, d'autres peuvent acquérir les moyens de s'affranchir eux-mêmes. Mais qu'est-ce qu'un très-petit nombre comparé à cent mille Afriquains tenus dans l'esclavage et accablés de toute l'horreur qui l'accompagne ? La délivrance d'un très-petit nombre, peut-elle rendre le trafic des Noirs moins criminel ? La délivrance d'un très-petit nombre, permet-elle donc que la cruauté et la servitude soient toujours encouragées ? Quand on a entendu le récit des assassinats et des forfaits nécessaires pour se procurer des esclaves, apperçoit-on les adoucissemens des hommes bienfaisans ? Sans doute il doit paraître évident que le commerce de l'espèce humaine est un crime atroce, et que tout exige sa fin.

Le respectable et judicieux auteur du livre intitulé, *the Historical account of Guinea* (état Historique de la Guinée) a donné des calculs frappans sur les maux occasionnés par la traite des Nègres. Il montre que depuis quelques années,

années , l'Angleterre fait presque tout ce commerce abominable. Il prouve par des relevés exacts que les vaisseaux de Liverpool , de Bristol , de Londres exportent annuellement de la côte d'Afrique , pour les colonies, cent mille esclaves. Mais de ces cent mille Noirs , il en est plusieurs mille qui meurent des mauvais traitemens qu'ils subissent; un grand nombre encore meurt de la *seasoning*; (fièvre qui attaque les étrangers arrivés en Amérique,) à peine soixante mille survivent à ceux que les coups et les maladies ont tués. Les Anglais sont obligés tous les ans d'enlever de nouveaux Nègres; la cruauté et l'oppression ont bientôt usé la vie de ceux qui ont résisté aux premiers maux. On peut donc supposer que la traite et l'esclavage des Nègres, en assassinent plus de cent mille par an ; mais le nombre fût-il moins considérable ,

il est toujours si grand qu'on ne peut
y penser sans frissonner.

« O mon Dieu ! que l'esclavage doit
» être méchant, abusif, impie, puisqu'on
» ne peut se procurer des esclaves sans
» assassiner des innocens. Quels châti-
» mens ne puniront pas une barbarie si
» atroce ! car si le sang, injustement
» répandu, appelle la vengeance di-
» vine, combien les cris et les gémis-
» semens de cent mille hommes assassinés
» ne feront-ils pas descendre sur la
» terre de supplices dûs à des brigands
» féroces ». Les faits que j'ai détaillés ne
sont pas des conjectures, ils sont prouvés,
ils sont la suite de la servitude. Ah ! si les
Anglais apprenaient qu'une autre nation
tue annuellement cent mille innocens,
ils penseraient, avec raison, qu'elle est
inhumaine, et qu'elle sera punie par
le Tout-puissant. La liberté et la justice,
bases du gouvernement anglais, la phi-

lantropie, caractère du peuple anglais, seront à jamais bannis de cet heureux empire, s'il peut s'imaginer qu'il mérite à peine un châtiment léger, en tolérant la traite des Nègres, et en ne la proscrivant pas tout de suite. Telle est la nature de cet infâme commerce que les Européens qui le faisaient autrefois mille fois moins qu'actuellement, ne le permettaient que parce qu'ils n'étaient conduits que par l'amour d'un gain quelconque. Pourquoi le continuerait-on ? la sagesse, l'équité, l'humanité s'y opposent. Il faut donc le défendre absolument. Le restreindre ; ce serait diminuer les abus, les crimes, mais ce ne serait pas les détruire. Lorsqu'un arbre produit des fruits empoisonnés, suffit-il de couper quelques-unes de ses branches ? n'arrache-t-on pas l'arbre ? ne brûle-t-on pas jusqu'aux racines ?

« La traite des Nègres peut être con.

H ij

» sidérée comme un crime des particu-
» liers, ou comme un crime encouragé
» par les lois. Sous ces deux rapports,
» elle est également odieuse. Un forfait
» si horrible, si général, soit qu'il
» soit un forfait des individus, ou un
» forfait du gouvernement, doit attirer
» sur tous, la vengeance de l'Être-su-
» prême. « —— » Lorsque des mauvaises
» actions sont commises par le public,
» le sage voit la providence s'y oppo-
» ser, tandis que l'homme endurci et
» impénitent ne s'en apperçoit pas.
» Les agitations violentes et surnatu-
» relles de tous les élémens ont favo-
» risé les établissemens des Européens
» dans l'Amérique, ont affermi l'es-
» clavage des Afriquains, et ont fait
» tomber des maux innombrables sur
» les habitans des divers royaumes eu-
» ropéens, et sur les états eux-mêmes.
» La justice divine a puni les fauteurs

» de la servitude. N'oublions pas de
» remarquer que les Anglais font les
» deux tiers du commerce impie des
» Nègres, et qu'ils ont été châtiés
» en proportion du nombre de leurs
» crimes, et plus particulièrement que
» les autres peuples. Les malheurs pu-
» blics paraissent être des actes de la
« providence qui veut alarmer les hom-
» mes accoutumés à rapporter les pro-
» diges de la nature à des causes ap-
» parentes. Les insensés ! ils s'arrêtent
» à des causes secondes, et mécon-
» naissent le doigt de Dieu , parce
» qu'il s'est couvert d'un voile léger.
» Je ne donne ce que je viens de dire
» que comme des conjectures ; je ne
» l'affirme pas. Mais j'affirme , avec
» confiance, que l'Europe entière s'est
» nui à elle-même par ses brigandages
» en Amérique et ses vols en Afrique.
» Toutes les craintes que je tâche

» d'imprimer dans tous les cœurs, me
» semblent bien fondées. Pourrais-je,
» avec quelque ombre de justice, désirer
» de la prospérité à des scélérats qui
» n'ont des succès qu'aux dépens du
» bonheur d'un million d'hommes inno-
» cens, pacifiques et humains (*) ».

Ce n'est pas sur la terre que les vertus
sont récompensées et les vices punis
comme ils doivent l'être. Cependant il
est évident que la providence veille sur
l'univers, que les nations justes sont
heureuses, et que les nations crimi-

(*) Voyez l'excellent ouvrage de M. Clarkson,
intitulé, *Essai on the slaverv and commerce of
the humain snecies*. Je dois ajouter que j'ai em-
prunté quelques-unes des observations suivantes, des
écrits de M Granville Sharp, infatigable ami de l'humanité J'ai encore beaucoup d'obligations à plusieurs
autres écrivains dont les vertus brilleront et seront
respectées tant qu'il y aura quelque humanité parmi
les hommes, et tant que les apologistes de l'esclavage seront foudroyés par l'opinion publique.

nelles subissent des peines. La justice divine ne dort pas toujours. Ainsi les Cananéens furent châtiés par les Israélites. Ainsi Cyrus entouré de prospérités , vit Babylone saccagée par les ennemis et payer tous ses crimes. Ainsi de tems en tems des guerres destructives s'allument , des milliers d'hommes sont enlevés de dessus le globe , les richesses publiques sont épuisées. Examinez les peuples accablés par le malheur ; vous verrez qu'ils le méritent. Ainsi la famine , la peste , les tremblemens de terre répandent la terreur et la misère sur l'univers coupable. Quoique l'homme n'ait pas l'habitude de penser que ces événemens soient des châtimens de l'Éternel , ils en sont cependant. La bible qui est l'histoire des actions de la divinité nous dit toujours que ce sont des punitions et non pas des effets seulement physiques.

A iv

Aussi les divers désastres qui affligent l'empire anglais peuvent-ils être attribués à la vengeance du Tout-puissant. Aussi les pertes annuelles qu'éprouvent les Européens sont-elles dues à leurs péchés. Les guerres, les tremblemens de terre, les orages, le tonnerre, les ouragans, les insectes destructeurs, les saisons stériles, l'inclémence de l'air, les dettes nationales, l'oppression des princes, la rébellion des sujets, etc. etc. sont les maux que le courroux céleste verse sur les peuples et les princes injustes ; *parce que* le méchant *est pris dans son iniquité même.* Ezec. ch. 39. vers. 23. Pourquoi un forfait aussi grand que la traite et l'esclavage des Afriquains n'attirerait-il pas sur l'Europe des calamités terribles ? « On ne pense » pas aux coups que la sage colère » de Dieu lancera peut-être bientôt » contre la nation anglaise. On ne

» pense pas que l'Être-suprème lui pré-
» pare , peut-être actuellement , des
» supplices proportionnés à l'horreur
» qu'inspire l'épouvantable oppression
» des malheureux Afriquains.

» Les méchancetés nationales ont
» toujours été généralement payées par
» des punitions nationales ; et certes
» il n'y a point de méchanceté natio-
» nale qui puisse être plus odieuse à
» Dieu que la tolérance publique de
» l'esclavage. Tôt ou tard l'Angleterre
» sera frappée par le Tout - puis-
» sant, pour l'ind'gne servitude des
» Noirs , honteusement accablés de
» travail , et usés par des traitemens
» barbares. Quel étranger pourrait croire
» que la traite des Nègres est autorisée
» par les lois anglaises , par la tolé-
» rance publique , et par les rois eux-
» mêmes. Ainsi l'Angleterre et ses rois
» partagent le crime avec les vils com-

» mercans de Noirs. «——» Chaque
» homme sage a donc raison d'être per-
» suadé que l'Être infiniment juste
» punira ce peuple en proportion de
» l'atrocité, de l'enlévement des Afri-
» quains. L'univers sera épouvanté,
» il apprendra que la justice éter-
» nelle n'est jamais offensée impuné-
» ment, il sera châtié, si un prompt
» et sincère repentir n'expie pas les
» cruautés souffertes par des inno-
» cens. —— Le Seigneur, lui-même, a
» dit, *si j'oublie jusqu'à la fin leurs*
» *œuvres ; est-ce que la terre ne sera*
» *pas émue, est-ce que l'habitant du*
» *monde ne les pleurera pas tous ?*
» Amos. ch. 8. *vers.* 7. 8. ». Cependant l'amour de l'équité fait que Dieu
suspend et adoucit souvent ses juge-
mens. D'ailleurs lorsque le tems de la
destruction arrive, les peuples sont
quelquefois épargnés en faveur des justes

qui se trouvent parmi eux.*Si le Seigneur ne nous avait pas laissé* quelques fideles, *nous aurions été comme Sodome, et nous aurions ressemblé à Gomorrhe.* Isa. ch. 1. vers. 9.

Mais depuis que la servitude des Afriquains est devenue un usage familier à toute l'Angleterre, il n'est aucun homme dans ce royaume et dans toutes les colonies qui puisse être innocent et à l'abri de la colère divine. Il a connu le mal, il ne s'est pas élevé avec force et promptitude contre lui, et il n'a pas essayé de le détruire. Au contraire, tous les hommes en place, tous les nobles, tous les juges, ont tous honteusement favorisé la traite et l'esclavage des Nègres. Aussi sont-ils tous d'autant plus coupables qu'ils ont eu plus de pouvoir. Aussi doivent-ils être punis de l'oppression des Afriquains, et des dangers auxquels ils

ont exposé leur patrie. Un double fardeau d'iniquité reste donc sur ceux qui
plaident pour la servitude des Noirs,
et sur ceux qui la protègent directe-
ment ou indirectement. En général, les
nations qui l'approuvent sont injustes,
inhumaines, barbares. Mais si le clergé
qui, dans tous les pays, doit être le mes-
sager de l'équité, de la paix, de la bienveillance, se réunit à des brigands, il
partage leurs forfaits et est plus criminel qu'eux. Il est institué pour veiller
sur la société, lui faire reconnaître
ses erreurs, et l'engager à les fuir.
S'il ne remplit pas ces fonctions saintes,
les péchés publics tombent sur sa tête;
et quand ils sont aussi affreux que celui
de l'esclavage, ils retombent encore sur
la nation entière. Car tout citoyen,
quelle que soit sa situation, est obligé
de donner, par ses discours et par sa
conduite, l'exemple de la justice et de

la piété ; et d'après ce que j'ai dit ; il est suffisamment démontré que le commerce et l'esclavage des hommes sont les maux les plus contraires aux lois naturelles et révélées. « Il est évident
» que la traite et l'esclavage des Nègres
» sont les usages les plus impies et
» les plus opposés à la justice, à la
» nature, à la raison, aux principes
» des lois, des gouvernemens, et enfin
» à tous les préceptes de la religion
» naturelle et révélée. Il est donc prouvé
» qu'il faut les abolir. Négliger un
» jour, un moment, temporiser, serait
» une iniquité dans un ministre ; ce
» serait exposer son salut et courir le
» risque de ne pas faire la plus belle
» action qu'un homme en place puisse
» faire. La vie est courte ; et la durée
» du pouvoir ressemble à un arc-en
» ciel ».

L'homme élevé aux grandes dignités

est celui qui court les plus grands
dangers. Il est possible que ses jours,
ou son crédit ne soient pas assez longs
pour réparer le mal qu'il a laissé commettre par sa patrie, en tolérant l'esclavage si sévérement proscrit par les
commandemens de Dieu. Les bons ad-
ministrateurs de la justice ne permettent ni ne souffrent les abus. Mais où
sont-ils ? Que les premières places d'un
royaume sont accablantes ! leurs possesseurs sont les ministres de l'Être-
suprême ; rendre la justice et punir les
malfaiteurs, voilà leur auguste emploi.
Ainsi en permettant le malheur des
Afriquains, ainsi en ne vengeant pas
le sang des Afriquains assassinés par
l'épée de l'avarice, ils sont aussi cruels
que David, tuant Urie. Ils doivent être
sourds aux intrigues dangereuses de
quelques compagnies de marchands,
et aux insinuations perfides des méchans

qui voudraient obtenir le privilège d'être injustes sans rien craindre , et d'opprimer les Nègres , en se couvrant de l'égide des lois. Ce sont les ennemis les plus désastreux d'un état.

Il est impossible de concevoir comment une action aussi infernale que la traite des Nègres , et leur esclavage en Amérique , a guidé si long-tems les nations éclairées de l'Europe , et a préoccupé les grands rois et leurs ministres. L'administration , quand elle le veut , a toujours le pouvoir d'empêcher le peuple de commettre des crimes et d'être oppresseur. Si elle ne le veut pas , ou si elle ne le peut pas , elle est coupable. Ainsi lorsqu'elle souffre , ou permet que l'on trafique des hommes innocens , qu'on les mette en esclavage , peut-elle penser que Dieu soit content d'elle ? Ceux qui n'ont pas pitié de leurs frères , doivent-ils es-

pérer que le père des hommes aura
pitié d'eux ? Ne doivent-ils pas craindre
des châtimens sévères ; *car celui qui
fait un homme esclave sera fait esclave,
et sera tenu dans les chaînes de son
iniquité ; quoique tous les méchans se
tiennent comme par la main , ils ne
seront pas impunis ; le péché et la méchanceté font pleuvoir la destruction sur
les peuples.* Mais si les Européens continuent dans leurs colonies le commerce
des Afriquains, s'ils adhèrent toujours
à leurs projets d'iniquité, la colère du
Tout-puissant les punira d'une manière
terrible. Car des attrocités réfléchies et
multipliées appellent la vengeance , à
grands cris.

Sans doute tous les rois qui ont toléré
l'esclavage ont été emportés par les circonstances plus loin qu'ils ne le croyaient
eux-mêmes ; sans doute ils ne savaient
pas les horreurs qu'éprouvaient des infortunés

fortunés dont les gémissemens ne par-
venaient pas jusqu'à eux ; sans doute
Ferdinand , roi d'Espagne , ne voulait
pas que l'on traitât les Amériquains
comme ils ont été traités. Heureusement pour l'honneur de ce royaume et
pour celui de l'humanité , des hommes
vertueux , des prêtres et des gentils-
hommes humains et éclairés , accom-
pagnaient les barbares avanturiers qui
ont conquis et désolé le nouveau monde;
heureusement ils protestaient contre les
crimes et les assassinats. Mais toujours
en vain. De même , depuis que le commerce des esclaves a été commencé ,
plusieurs *Blancs* de toutes les nations ,
et sur - tout d'Angleterre , ont écrit en
faveur des Afriquains ; mais en vain.
Les insinuations criminelles de l'avarice
ont toujours été écoutées et suivies.
Cet abominable trafic a même excité
des haines nationales. Les peuples poussés

par la soif du gain, multipliaient à
l'envi les uns des autres leurs forfaits.
Les brigands qui en tiraient le plus de
profit, fomentaient les jalousies et la
cupidité, et ont obtenu la protection
des lois et des gouvernemens. Aussi ce
commerce injuste encouragé par toutes
les passions, et qui viole ouvertement
les lois de Dieu, a augmenté excessi-
vement. Les hardis scélérats, armés
pour la traite des Nègres, qui mettent
les Afriquains au rang des bêtes,
et qui regardent un Noir assassiné
comme une bête morte, sont les plus
dangereux des hommes, sont les ennemis et la honte de leur patrie. Le
ciel et la terre se plaignent d'eux. Néanmoins leurs intrigues perfides ont souillé
des mortels nés pour la bienveillance.
Il faut les désabuser ; il faut les empêcher de ressembler aux tigres et aux
animaux féroces. Espérons que les

conseils des bons citoyens seront entendus par les rois et par les hommes respectables qui les approchent. Que la situation des rois et de leurs ministres est périlleuse ! les crimes des sujets leur sont imputés. Faisons donc entendre la voix de la raison ; opposonsnous aux trahisons des vicieux. Les vicieux sont les plus dangereux ennemis de nous malheureux Nègres, et de leurs souverains. Répétons que *la rectitude élève une nation* et que *l'injustice est un opprobre.*

Dans ce siècle de philantropie, les rois s'occupent plus qu'autrefois du bonheur public. On peut donc être persuadé qu'ils ne se laisseront pas tromper long-tems, par l'astuce et la politique de l'avarice, par les exagérations des colons avides, et par les mensonges des vils scélérats qui commercent les Afriquains. On peut donc croire qu'ils déployeront toute leur bonté et toute leur sagesse dans l'examen de la cause des Nègres, qu'ils écouteront les discours de la raison et de la religion, qu'ils affranchiront les esclaves et proscriront l'esclavage. Les rois actuels sont aussi supérieurs aux rois des siècles passés, par leurs lumières que par leur pouvoir. Ils ont aboli le tribunal sanguinaire de l'inquisition, ou restreint son autorité; l'Empereur et plusieurs autres rois réforment les abus qui accablaient les peuples. Leurs principes d'humanité les conduiront à améliorer les législations civiles et criminelles, et à abolir la traite des Afriquains, et à défendre la servitude.

Mais l'Angleterre faisant la plus grande partie du commerce des Nègres, doit être la première à le proscrire, pour ne pas être la dernière à avoir des remords; elle doit craindre que des calamités ne fondent sur elle , et ne mettent des obstacles invincibles à la juste abolition de l'esclavage ; elle doit craindre que les supplices , mérités par ce trafic inique et barbare , ne l'accablent de malheurs ; si elle persiste , elle doit tout craindre. Elle peut être assurée que Dieu punira les transgresseurs de ses lois , les colons , les marchands , et tous les auteurs ou protecteurs des traitemens affreux que subissent les Afriquains. Les Anglais et les colons anglais sont également coupables d'oppression , les uns et les autres peuvent donc , avec raison , redouter le courroux du Tout-puissant. Les législateurs les protègent, les encouragent et partagent leurs profits , les législateurs ne seront donc pas plus épargnés que leurs protégés et leurs agens. Il est donc important pour l'Angleterre, de considérer attentivement ce que

je viens de dire ; si elle y était insensible , cela serait malheureux pour nous
et même pour elle ; puisqu'elle provo-
querait alors la colère divine. Ce dernier crime serait encore plus odieux
que la faveur accordée au trafic des
Afriquains. Trafic fait cependant d'une
manière exécrable par les négocians
de Liverpool et de Bristol. Leur cruauté
est si révoltante que lorsqu'on en entend
parler , on s'écrie , comment *la terre
ne s'entrouvre-t-elle pas pour les engloutir* ?

On ne conçoit pas aisément la multitude de forfaits et d'assassinats que
se permettent les Anglais chargés de
la traite des Nègres. Ne voient-ils donc
dans les Noirs que des propriétés dont
ils peuvent faire ce qu'ils veulent ?
Où croient-ils qu'il n'est pas plus affreux de tuer un Nègre qu'une bête
féroce. Malheureusement les annales de

ce commerce fournissent une foule de traits horribles, consignés dans les registres des cours de justice. En 1780, le maître d'un vaisseau arrêté près des colonies américaines, choisit 132 de ses esclaves les plus maladifs et les fit jetter dans la mer. Il espérait que la compagnie d'assurance le dédommagerait, attendu qu'il était trop tard pour vendre convenablement ses esclaves. Dans le procès qu'occasionna ce crime, le propriétaire du vaisseau disait : *les Nègres ne peuvent être considérés que comme des bêtes de somme ; et pour alléger le vaisseau, il est permis de jetter à la mer les effets les moins précieux, ou les effets de peu de défaite.* —— Il paraît vraisemblable par la suite du procès, que ces malheureux Nègres étaient précipités dans la mer, liés deux à deux, afin qu'ils ne pussent se sauver à la nage. Quelques-uns s'échappèrent des mains de ceux qui les liaient, et sautèrent dans la mer; l'un d'eux fut sauvé par des cordes que ui tendirent les matelots d'un vaisseau qui le voyait lutter contre la mort. Mais ce qui achève de caractériser les commerçans de Nègres, c'est que le barbare meurtrier de tant d'innocens, reclama son esclave; vainement cependant, puisque les juges rejettèrent sa demande.

Ainsi la vie d'un Afriquain n'est d'aucun prix; nous sommes des proyes que les chasseurs prennent dans les déserts, et des bêtes que l'on tue à volonté. Si nous accusons les Européens; quels maux ne nous ont-ils pas faits? Comment nous ont-ils traités? Le sang d'un million de Nègres ne crie-t-il pas contre eux? Si nous accusons les Anglais; peuvent-ils se justifier? Comment le peuple le plus éclairé du monde peut-il faire le commerce le plus injuste ? Comment plusieurs Anglais sont-ils assez vicieux pour essayer de persuader que le vol, l'esclavage et le meurtre ne sont pas des crimes ? Mais nous dirons à toute l'Angleterre que tout homme qui, sans courir aucun risque, trompe, achète ou vend un autre homme, est le plus lâche et le plus infâme des scélérats ; nous dirons que celui qui force un homme à le servir est le brigand le plus méchant et le plus dangereux. Quels droits les Européens ont-ils sur les autres hommes, que l'on n'ait pas sur eux ? Leurs titres sur les Nègres ressemblent à ceux que les voleurs ont sur ceux qu'ils volent. Le colon dit, mes esclaves sont à moi, je les ai achetés. Ainsi un homme qui achète, avec connaissance de cause, des effets dérobés, peut les garder. Cependant les lois de la nature, celles

de l'Angleterre, et celles de tous les
pays condamnent le possesseur d'effets
qu'il sait avoir été volés, à les restituer, et même encore elles le punissent.
Les colons sont ces possesseurs odieux.
Ils font enlever les Nègres, les mettent
en esclavage, et les maltraitent horriblement ; si l'on compare leur sort à
celui des bêtes de somme, lequel préfé-
rera-t-on ? Les Européens doivent maintenant, décider si les voleurs d'hommes,
de femmes, de filles, sont plus coupables
que les voleurs des propriétés. C'est l'é-
quité qui doit prononcer. Elle dira qu'un
homme est plus précieux que ce qui lui
appartient. Que les législateurs trem-
blent donc ! Que leurs lois sont inconsé-
quentes ! elles punissent sévérement des
crimes moins dangereux que ceux
qu'elles tolèrent, qu'elles encouragent.
Car par-tout la servitude est permise
par les lois. Les lois contradictoires

s'annullent elles-mêmes ou sont sans consistence. Elles assurent cependant les propriétés, dira-t-on. Oui ! mais parmi les voleurs dont la première loi est de voler tous ceux qui ne sont pas de leur société. Alors et seulement alors, le vol et le pillage ne sont pas des crimes. Alors le voleur d'hommes et celui qui les achète ne doivent pas être punis.

Il semble que toutes les nations Européennes qui enlèvent, achètent, vendent et possèdent des esclaves, ont abandonné leurs lois, pour adopter celles des brigands. Elles peuvent se dire les unes aux autres, *quand vous protégez un voleur, c'est que vous êtes d'intelligence avec lui, et que vous partagez son iniquité.* L'homme est une créature raisonnable, et en cette qualité, il est non-seulement responsable de ses actions, et criminel en faisant le mal, mais il est encore coupable lorsqu'il ne s'oppose pas au vol et à l'oppression ; ainsi un peuple civilisé n'est pas innocent, tant qu'il souffre les autres peuples persécuter le faible et le mettre dans les fers ; Il doit s'élever contre l'iniquité et défendre les malheureux. Il doit craindre Dieu, obéir à ses commandemens, et faire tout le bien qu'il peut faire ; il doit employer toutes ses forces pour réprimer les méchans, et être sûr que le Tout-puissant le protégera et le bénira. Que les motifs qui soulèvent les états les uns contre les autres sont petits ! Jamais l'intérêt d'une nation opprimée et misérable n'arma les guerriers. C'est pour arracher à des voisins industrieux un commerce utile, c'est pour augmenter leur territoire ou pour s'enrichir par des conquêtes que les rois lèvent des armées nombreuses. Si ces armées combattent, elles méritent de périr. Elles se battent pour la gloire comme les fous se battent pour des chimères ; elles ressemblent à des aveugles qui marchent sans bâton et sans guide. Les militaires qui échappent au glaive meurtrier de leurs adversaires, ont-ils réellement plus d'honneur qu'ils n'en avaient auparavant. Non sans doute ? leur réputation devrait-elle être meilleure ? N'imitent-ils pas le conquérant fameux qui désolait le monde avant le déluge, et *qui tuait un homme quand il était blessé, et un jeune homme quand on lui faisait un peu de mal?* Pourquoi renouveller les horreurs des tems passés ? Pourquoi se révolter contre les ordres de l'Être suprême ? Pourquoi commettre les crimes qui firent autrefois engloutir le genre humain, dans un déluge universel ?

Le peuple Anglais a toujours manqué

à ce qu'il devait faire, comme peuple civilisé et chrétien ; il ne s'est jamais opposé aux maux que les Amériquains ont soufferts ; il laisse voler les Afriquains, et les laisse mettre dans les fers. Non-seulement il ne les secourre pas , mais encore il unit ses forces à celles des autres nations pour les enlever, les acheter , les vendre , les commercer avec plus d'avantage. Il sacrifie tout à l'intérêt, et s'est emparé de presque tout le trafic des Nègres. Il est le peuple le mieux gouverné , il a les meilleures lois , et il opprime les innocens. Qu'il est inconséquent, que sa tyrannie est manifeste ! Aussi l'injustice qu'il fait aux Noirs, devrait-elle soulever toute l'Europe contre lui. Si les Européens ont encore quelque vertu , quelque respect pour l'équité , s'ils souhaitent n'être pas coupables du sang versé par les brigands , ils s'élèveront contre les Anglais , ils les puniront. Des scélérats sans remords sont indignes de pitié. Si parmi les nations éclairées et policées, il ne s'en trouve aucune qui veuille châtier les fauteurs de l'assassinat et de l'esclavage. Toutes doivent craindre que des nuées de barbares, ou des fléaux terribles ne fondent sur elles. C'est ainsi que l'Être infiniment juste a souvent récompensé les méchancetés nationales. Que les peuples qui se révoltent contre les lois divines et naturelles se repentent, ou le bras du Tout-puissant s'appésantira sur eux! La science, l'intelligence rendent les vicieux plus coupables, et les feront traiter plus sévérement, lorsque le jour de la vengeance arrivera. Les menaces de Moïse aux Israélites, regardent encore les nations éclairées; *si vous n'écoutez pas*, disait-il, *la voix du Seigneur, et si vous ne gardez pas et n'observez pas ses commandemens . . . . . le*

Seigneur suscitera contre vous une nation éloignée dont vous ne connaîtrez pas la langue ; elle viendra des extrémités de la terre et fondra sur vous avec l'impétuosité de l'aigle. Deut. ch. 28. *vers.* 15. et 49.

Il y a plusieurs Anglais vertueux qui ne doivent pas prendre ces pensées pour eux, et qui, pour me servir des mots d'une reine respectable, vivent parmi nos ennemis et ne sont pas nos ennemis. Il ne faut pas les mettre au rang des avides fauteurs de l'esclavage et de la méchanceté, et de leurs vils agens qui désolent nos familles et notre contrée. Nous ne disons pas que nous n'avons jamais péché ; nous ne disons pas que nous sommes absolument innocens aux yeux de Dieu : mais nous disons que nos cruels oppresseurs ont la hauteur, l'insolence et l'iniquité d'Aman. Qui pourrait penser, ou seulement
lement

d'Aman. Qui pourrait penser ou seulement supposer que les voleurs d'hommes, les commerçans de chair humaine, et les colons Amériquains n'ont jamais fait de mal ? Nous ressemblons aux martyrs mourans dans les flammes , et dont le sang criait vengeance contre leurs persécuteurs. La cruauté de nos bourreaux a nui à nos bourreaux eux-mêmes ; ils vont à la chasse des Nègres , comme si nous étions des bêtes fauves ; ils nous vendent comme leur proie : et nous ne nous efforcerions pas de leur échapper. Est-il donc défendu aux honnêtes gens d'échapper aux scélérats qui leur tendent des embûches ? Nous fuyons , on nous poursuit ; et si l'on nous prend, les lois nous condamnent à la mort. Tremblez , monstres, tremblez ; le sang d'un million d'assassinés dépose contre vous. Tremblez , les Nègres que vous avez enlevés, ceux que vous avez déchirés à coups de fouet ; ceux que vous avez accablés par la misère, la faim, le chagrin, implorent le Tout-puissant. Le jour de la vengeance luira bientôt. Dites quelles seront vos issues. Les mauvais traitemens accroissent le malheur des esclaves ; mais ils n'arrêteront pas le courroux de l'Etre infiniment juste ; ils n'empêcheront pas que les instigateurs de l'assassinat et de la barbarie, leurs complices et leurs agents ne soient punis. Les Nègres sont enfans de Dieu, comme les Blancs ; pourquoi les vend-on au marché comme des bêtes de somme ? Pourquoi les vend-on comme des animaux pris à la chasse ? pourquoi le caprice qui les mutile par des tortures, ou les fait mourir sous les coups de fouet ; n'a-t-il jamais été réprimé ?

Les colons qui ont quelque humanité (et ils sont en très-petit nombre) ne traitent pas leurs esclaves avec barbarie,

mais ils ne les traitent pas avec beaucoup d'indulgence. Leurs Nègres ne lan-
guissent pas dans une misère affreuse ;
mais ils sont privés de tout. Ils sont
regardés comme des prisonniers faits à
la guerre, et qui doivent obéir à toutes
les volontés de leurs vainqueurs. — Les
brigands qui nous dépouillent de tous les
droits naturels, et qui nous mettent au
rang des bêtes, sont aussi odieux que
celui qui vole le pauvre, la veuve et
l'orphelin. — Ils subornent nos enfans
avec des présens ; ils leur feront dire que
nous sommes d'intelligence avec les voleurs de Nègres, et que les Noirs ne
sont esclaves que par la trahison de leurs
con patriotes, de leurs parens, de leurs
frères. Ils diront eux-mêmes qu'ils ne
peuvent vivre sans le trafic des Afriquains ; cela les justifie-t-il ? Ils diront
que les Nègres libres en Afrique, sont
plus malheureux que les esclaves en

Amérique. — Faut-il s'en étonner? ils font faire leurs travaux pour rien, et ils ne veulent pas être contraints d'employer des hommes qu'il faudrait payer. La seule nécessité où sont les colons amériquains de plaider pour l'esclavage, prouve avec évidence leur malhonnêteté et leur injustice. L'homme vraiment honnête ne redoute rien tant que l'imputation d'iniquité; celui au contraire qui n'ose envisager les conséquences de ses actions, est un lâche scélérat, et est indigne du nom d'homme. Il appréhende plus les malheurs temporels que Dieu. *Je le dis à vous, ô mes amis! ne craignez pas ceux qui tuent le corps, et après cela ne peuvent rien faire. Mais je vous montrerai celui que vous devez craindre; craignez celui qui, après qu'il a tué, peut envoyer en enfer; je vous le dis, craignez-le.* (S. Luc. ch. 12. ℣. 4. 1. 5.)

Que le gouvernement et les particuliers frémissent ; des maux sans nombre les menacent ; la liberté de tous les Nègres employés dans les colonies doit donc sans délai remplacer l'esclavage. Le travail des Nègres libres serait aussi utile que celui d'aucune autre classe d'hommes. Mais quand bien même l'abolition totale de la servitude ferait souffrir quelque perte aux colons, cela serait juste. Il faut que le crime soit puni. Cela rendrait service au public. Autrement de grands malheurs fondront sur lui. — Il est vrai que la traite et les travaux des Nègres fournissent d'immenses revenus au gouvernement. Mais le travail d'un peuple libre n'en produira-t-il pas d'aussi grands, ou même de plus grands encore ? Les Européens ne seront plus criminels ; ils se débarrasseront d'un lourd fardeau, plus accablant et plus ruineux qu'une dette nationale. Affranchissez les Afriquains, encouragez-les , sortez-les de l'abrutissement où vos coups les ont plongés , et vous aurez un peuple paisible , intelligent , industrieux qui , par l'art et le travail , améliorera les terres les plus stériles , et rendra plus fertiles les terres fécondes. Les travaux volontaires donneront bientôt au gouvernement des profits plus considérables , que les profits donnés par l'esclavage. Les Nègres , à l'ombre de la liberté s'instruiraient dans la morale , ils seraient chrétiens. La douce influence de la religion les policerait et éleverait leurs ames. L'Etre suprème bénirait leurs peines. Tout prospérerait entre leurs mains. L'état retirerait des colonies dix mille fois plus d'avantages. Les colons eux - mêmes s'enrichiraient beaucoup plus : le service des hommes libres ne peut être comparé à celui des esclaves.

Mais si le trafic abominable des Nè-

gres a été introduit, et si depuis long-
tems il n'est pas défendu, c'est l'ouvrage
de la méchanceté qui a régné sur toute
l'Europe ; car il est des hommes qui ad-
mirent l'iniquité et la fraude , et qui
les préfèrent à la philantropie. Ils aiment ce qui éblouit, & la vertu est mo-
deste.Faut-il donc s'étonner que la cruauté , l'esclavage & l'oppression n'aient pas
été abolies dans les lieux où ils ont de
l'influence ? la justice n'est belle que
pour les honnêtes gens. Faut- il s'étonner que la servitude n'ait pas été pres-
crite dans toutes les contrées où le
christianisme est connu ? Pourquoi les
Mahométans n'auraient-ils point d'esclaves ? Les chefs des diverses églises
ont-ils foudroyé la superstition, la per-
sécution, la cruauté ? ont-ils prêché
par toute la terre, ou seulement dans
leur patrie, les principes simples de la
vérité ? Aussi la sensibilité & la com-

passion sont bannies du cœur de presque tous les hommes. L'avarice seule a des charmes pour eux ; & ceux que désolent les maux publics, ont envain tonné contre leurs crimes. Les Européens ont des esclaves en Amérique & sur les côtes maritimes ; ils les traitent avec indignité ; ils les employent aux services les plus vils, & sont plus froids & plus durs que le marbre : aussi les fuyons-nous, comme l'on fuit les animaux voraces, les crocodiles & les monstres marins.

Mais nous mettons notre confiance en vous, ô saints habitans des déserts ! les passions n'ont aucun pouvoir sur vous, le mensonge n'approche pas de vos bouches pures ; la caverne de l'erreur n'est pas au pied du trône du Tout - Puissant. Eh quoi ! depuis que vous n'avez plus de patrie sur la terre, depuis que vous aimez également tous les hommes & toutes les nations, vous avez tous les vicieux, tous les scélérats pour ennemis. Mais vous avez des places de défense, des forteresses imprenables; & le Fils de Dieu, votre refuge & votre appui en tous tems gouverne l'univers : que ne ferions - nous pas nous - mêmes pour étendre votre gloire & la sienne. Pressez-nous contre vos seins paternels, protégez - nous, éclairez-nous, si vous nous trouvez à la porte de vos paisibles retraites, ne nous en refusez pas l'entrée, enfermez-nous avec des planches de cédre. Que nous désirons d'habiter le séjour de la paix & de la sainteté ! alors puissions-nous, semblables à vous, être sans crainte devant nos ennemis ? Puissions - nous opposer une opiniâtreté héroïque à leurs cruelles tortures, & le mépris à leur rage ? Pourquoi ne serions-nous pas toujours tranquilles ? Pourquoi ne tàcherions - nous pas de vous imiter, bien aimés du Très-Haut ? quand vous mourez, quand vous êtes persé- cutés, assassinés, le Seigneur est avec vous, il vous chérit : que si l'on voyait renouveller les tems horribles où vos ennemis vous persécutaient avec une arrogance furieuse, & versaient votre sang avec plaisir, vos blessures, comme il arrivait autrefois, seraient bientôt fermées ; vous seriez revêtus de la robe d'honneur ; le sang répandu déposerait contre vos meurtriers, & vous seriez en- tourés d'un drapeau immortel de gloire. Nous ne sommes pas jaloux de votre bonheur, mais nous souhaitons que vous fassiez tout le bien possible, & que vous vous éleviez contre tous les maux ; nous avons besoin de vos prières ; puisse l'Etre - Suprême les exaucer & répan- dre ses bénédictions sur vous, sur nous & sur tous les amis de la rectitude & de la paix.

Aussi lorsque les ennemis envahiront l'Angleterre & la puniront de ses crimes, les anges qui vous gardent, ô bien aimés du Seigneur ! resteront-ils oisifs ? Sont-ils donc endormis ? Sont-ils dans une léthargie semblable à celle des artisans de l'iniquité ? aucun d'eux ne s'éveille, aucun ne sonne l'allarme. O tems désastreux ! O malheureux Anglais ! pourquoi n'avez - vous pas craint l'Être infiniment juste ? Pourquoi ne vous êtes-vous pas prosternés devant lui dans son saint Temple ? Mais *le jugement fondra* sur vous *comme la pluie et la justice, comme un torrent impétueux* (Amos, ch. 5, ɤ. 24). Ne croyez pas cependant que des prières adressées à Dieu suffisent pour vous rendre meilleurs ; il faut encore que votre charité vous engage à avoir pitié de vos *frères*, qui périssent dans l'ignorance, & qui sont accablés sous le joug pesant de l'esclavage.—O vous, qui offrez vos cœurs au Créateur de l'Univers ! voyez les oppresseurs & les opprimés également avides de votre approbation ; à qui la donnerez-vous ? les tyrans, les assassins qui traitent les hommes avec cruauté, qui les retiennent dans une servitude perpétuelle & illégitime, & qui les tuent par la douleur, la faim, les tourmens, ne sont-ils pas d'autant plus maudits, qu'ils sont plus méchants ? Ce fut sans doute un grand triomphe pour l'iniquité que d'avoir fait tolérer l'esclavage par les lois, que d'avoir obtenu la permission de voler non-seulement les propriétés des Nègres, mais leurs personnes elles-mêmes. Jours à jamais déplorables qui légitimèrent le vol, la méchanceté, la cruauté, le meurtre ! approuvez-vous la servitude ? Vous approuvéz tous les crimes qui la suivent nécessairement, vous êtes de connivence avec les marchands, et les voleurs de chair humaine, vous partagez leurs forfaits. Gardez-vous le silence ? vous donnez une sanction à l'iniquité, vous êtes passés dans le camp des ennemis de l'humanité. Vous êtes plus détestables qu'eux ; ils sont scélérats, vous êtes hypocrites; qui pourra vous aimer? qui pourra aimer votre patrie ?

Les adorateurs de la divinité, les vrais chrétiens, les hommes vertueux, les bons patriotes, les amis de l'humanité, les hommes, les femmes, et tous ceux qui ont de la sensibilité, de la générosité, de la philantropie, doivent tous plaider pour l'abolition totale de l'esclavage dans les colonies anglaises. Tous doivent faire des efforts pour que le commerce de la chair humaine soit défendu dans les contrées où les Anglais ont du pouvoir & de l'influence. Mais si les Nègres recouvrent les droits naturels qu'on leur a arrachés, rendons-en grace au Tout-Puissant. Soyons reconnaissans de sa bonté ; & ses bénédictions & sa bienfaisance récompenseront l'Angleterre et tous ceux qui par leur crédit, leurs écrits ou leurs discours ont démasqué & détruit l'atrocité de la traite et du trafic des Noirs. Puissent alors la prospérité & la paix, combler de biens le peuple anglais, leur gouvernement & leur respectable monarque ! puisse leur bienfaisance, ne jamais oublier les malheureux Afriquains.

Mais nous & nos compatriotes qui avons été grièvement opprimés, nous implorons ensemble et séparément la compassion de la nation anglaise ; nous la supplions d'avoir pitié de nous, & d'empêcher que nos ennemis & nos oppresseurs ne nous accablent de maux pendant qu'elle peut encore nous écouter, pourquoi serait-elle sourde à nos prières ? pourquoi n'obligerait-elle pas les colons à ne nous plus maltraiter ? pourquoi ne nous ferait-elle pas rentrer dans les droits naturels que nous avons à la liberté ! est-ce légitimement que l'on nous en a privés ? puisse l'Etre - suprême graver toutes ces vérités dans les cœurs anglais ! il est juste qu'ils aient les premiers l'honneur d'affranchir les Nègres ; puisque ce sont eux qui ont les plus d'esclaves. Cette bonne action étendra leur pouvoir, augmentera l'influence de leur philantropie, & Dieu lui-même les recompensera, en versant des biens abondans sur eux & sur toutes les places qui leur appartiennent. Mais si le peuple et la législation de la Grande-Bretagne gardent toujours une indigne silence, et continuent de tolérer l'esclavage et de se moquer de nos malheurs; s'ils permettent toujours que les brigands nous commercent et s'enrichissent par notre détresse ; nous espérons que Dieu employera d'autres moyens pour nous délivrer *du sac de deuil et de douleur*, qui nous enveloppe. Nous espérons que le terme de nos maux n'est pas éloigné, et que la nouvelle Babylone tombera et sera ainsi justement recompensée de son iniquité.

C'est aux pieds du Dieu de l'univers, père bienfaisant et sauveur des hommes, que nous déposons notre infortune ; c'est lui que nous prenons pour appui. Il a entendu nos cris, il a écouté nos gémissemens et a promis de nous délivrer. *Je me leverai maintenant, dit le Seigneur, à cause de la misère des pauvres et des soupirs de l'indigent : je les mettrai en sureté...* (ps. 11 ℣. 6) *et j'ai connu que Dieu soutiendra la cause des affligés et le droit des malheureux* (ps. 139, ℣. 13), aussi nous devons croire que ce sera lui qui nous délivrera

délivrera ; nous devons avoir plus de confiance en lui qu'en la nation anglaise , ou qu'en aucune autre nation; car s'il ne leur donne ni bienfaisance ni remords , nous ne pouvons rien attendre d'elles; tous les hommes sortent du même père , tous ont naturellement des droits égaux à la liberté; Dieu , qui les a créés, qui veille également sur eux , qui les aime également , protégera donc et affranchira donc les opprimés , il mettra donc les Afriquains en possession des priviléges dont les Européens les ont dépouillés.

Si notre délivrance ne nous vient pas de la Grande-Bretagne , l'Etre-suprème sera notre appui. Mais que l'Angleterre ne pense pas échapper alors aux peines méritées par la continuation de l'oppression et de l'injustice , elle sera châtiée avec toutes les autres nations. Ce n'est pas que nous implorions contre elles, la vengeance divine, mais nous désirons qu'elles nous rendent la justice, si elles ne s'acquittent pas de ce devoir important, elles entasseront sur elles-mêmes, iniquités sur iniquités. Nous ne supposons pas que les Anglais si humains, si bienfaisans, soient de connivence avec les marchands d'esclaves, ou puissent être éblouis par les sophismes de la barbarie et de l'avarice, ils savent que *telle est le voie de la femme adultère, qui apres avoir mangé, s'essuie la bouche, et dit : je n'ai point fait de mal.* (Pro. ch. 30, *vers.* 20), mais nous supposons que, *parce que l'iniquité a été très - abondante, la charité de plusieurs se refroidira.* (S. Math., chap. 24, *vers.* 12). La méchanceté des colons est odieuse, et leur trafic est honteux; et votre tolérance abominable. Vos injustices contre les Afriquains évoquent le courroux du Tout-

Puissant. Comment vous pardonnera-t-il? La raison, la religion demandent que vous vous reformiez, et que le repentir s'empare de vous, et vous restez dans une vile inaction! Pour moi, je *crains la colère et l'indignation de Dieu, qui t'excitent contre vous, et qui l'ont engagé à vous détruire,* (Deut. chap. 9, vers. 19), chaque homme, chaque femme, a raison de pleurer. Toutes les lois sont transgressées, et tous les crimes sont commis journellement.

Il est actuellement prouvé que l'extinction de l'esclavage serait utile, et attirerait sur l'Angletererre la bénédiction du Très-Haut, et serait une nouvelle source de richesses; il est aussi prouvé que la continuation de la traite des Nègres serait un torrent intarissable de calamités. Je puis donc détailler ce qui doit suivre, ou accompaguer, la destruction de la servitude.

Premièrement je voudrais qu'il y eut des jours fixés de deuil , consacrés à se repentir du mal qu'on nous a fait à nous malheureux et innocens Afriquains ; et à demander grace à l'Etre-suprême , à le prier de pardonner la violation de ses lois.

Secondement. Je voudrais que l'abolition totale de l'esclavage fût annoncée , et que l'affranchissement des Noirs fût exécuté comme je vais le dire. Il faudrait motiver ces actions, sur l'illégitimité anti-chrétienne de la servitude et du commerce de la chair humaine. Consultez , ô , Anglais ! toutes les nations et toutes les cours de l'Europe , demandez-leur de vous seconder , sans doute elles trouvent le trafic des Noirs injuste , ainsi elles se joindront à vous pour le proscrire. Cette proclamation est conforme à votre législation , elle doit se faire dans tout votre empire , et défendre à tous citoyens la vente et l'achat des Afriquains. Craignez-vous que cette loi soit violée, publiez que l'infracteur payera une amende de *mille livres*, ordonnez encore que tout colon adoucisse le sort de ses esclaves, diminue leur travail, les fasse instruire sur la religion chrétienne et ne soit plus oppresseur ni bourreau. Enjoignez au propriétaire de nourrir, de loger et d'entretenir convenablement ses Noirs, et de leur laisser amasser un petit pécule. Promettez au maître qu'il sera exactement surveillé, promettez à l'esclave que la piété et la vertu seront encouragées, promettez à tous que vous préviendrez et punirez le vice, la profanation et l'immoralité. Interdisez le travail pour les jours du repos sacré, excepté lorsqu'une nécessité absolue l'exige. Mais dites que ces jours et que même quelques heures de tous les jours seront employés à l'instruction des esclaves. Publiez que tout colon qui ne fera pas instruire ses Afriquains, en sera privé. Annoncez que tout Nègre qui aura servi pendant sept ans dans les isles, sera libre de droit, s'il a appris suffisamment la religion chrétienne, les lois de la civilisation, et s'il a toujours vécu honnêtement et décemment, car son travail aura alors payé sa rançon et les frais de son éducation et même satisfait raisonnablement aux anciens projets d'avarice formés par son maître. O Anglais ! lorsque les Nègres seront instruits, vous les verrez laboureurs utiles, traitables ; vous les verrez serviteurs dociles et sujets fideles ; Vous aurez le bonheur de les voir prosternés devant le Dieu de l'univers, et le louer avec autant de zèle et d'ardeur que vous. Sans doute vous n'oublierez pas un autre devoir indispensable à un chrétien ;

vous vous informerez des amis et des parens que vos esclaves ont laissés en Afrique, vous leur procurerez les moyens d'aller les rejoindre, lorsque le jour de la liberté luira pour eux. Vous les ferez conduire dans leur patrie, dès qu'ils auront été initiés dans les mystères des sciences utiles et du christianisme. Le plus grand nombre, voudra rester dans les colonies, il les améliorera, il sera employé utilement pour vous, et des gages médiocres le recompenseront, et le contenteront.—A l'ombre de la liberté, il peuplera vos possessions désertes. Faciliter la population, c'est encourager l'agriculture et l'industrie, et enrichir l'Etat qui autrement est toujours pauvre, fut-il même le plus favorisé de la nature.

Troisièmement. Je voudrais qu'une flotte de vaisseaux de guerre fût envoyée sur la côte de Guinée. Je voudrais qu'elle fût commandée par des hommes sûrs qui empêcheraient d'emmener aucun Noir, sans son consentement et sans celui de ses amis et de ses parens. Je voudrais encore qu'elle interceptât tous les navires marchands et qu'elle leur interdît des parages où le crime est commis trop aisément, parce qu'il est trop difficile à prouver. Mais que cela soit fait ou non, il est juste que les forts et les établissemens anglais, avertissent ceux de toutes les autres nations, et leur représentent les conséquences affreuses du trafic abominable qu'ils continuent. — Les Hollandais ont au Cap des colons aussi perfides que des crocodiles, et dont la barbarie et les meurtres devraient être punis.—Il faudrait casser tous les gouvernemens actuels des forteresses et des factoreries anglaises, et confier ces emplois importans à des hommes fermes et vertueux. Ces forts sont maintenant des cavernes de voleurs, ils seraient changés en des temples de la bienfaisance, où le malheureux Afriquain trouverait des amis, des protecteurs et des maîtres qui lui apprendraient les sciences utiles. Alors l'hospitalité serait une des qualités des Nègres, alors les voyageurs pénétreraient aisément dans l'intérieur de l'Afrique, de nouvelles sources de commerce et de richesses s'ouvriraient, et cette terre si fertile enrichirait l'Europe. — Sur la foi des voleurs de Noirs on criera à l'exagération, et on aura tort. Le caractère des Afriquains, leur pays et les productions de leur sol ont toujours été défigurés par les marchands d'esclaves. Ils n'ont vu qu'à travers le voile épais de leur avarice et de leur cupidité, etc. S'il n'avaient pas annuellement dépeuplé l'Afrique, on pourrait certainement y faire un trafic considérable. — Si les Anglais dont les par

lemens sont si élevés et qui ont souvent
soutenu leur liberté aux dépens de leur
fortune et de leurs têtes , abolissaient
l'esclavage et l'oppression , leur philantropie ne leur serait pas désavantageuse.
Ils s'attacheraient par la reconnaissance
les royaumes de l'Afrique , ils se four-
niraient de marchandises utiles , et
auraient le bonheur de contribuer à la
félicité de ceux qu'ils ont si inhumaine-
ment traités. Si les Nègres étaient conduits avec bonté , s'ils étaient un peu
instruits ils aimeraient insensiblement
les sciences , ils ne s'enfonceraient peut-
être pas dans leurs mystères les plus
sacrés , mais ils chériraient ceux qui
leur auraient donné les moyens d'améliorer leur intelligence , et ils témoi-
gneraient leur reconnaisssance par tous
les services possibles. Les factoreries
anglaise auraient la plus grande extension ; et si l'Angleterre jadis si remar-

quable par son amour pour les sciences et pour les arts, et maintenant si au dessus de tous les empires du monde connu, avait pitié des habitans de la côte de Guinée, et imbibait leurs esprits de la morale chrétienne, sa vertu serait une récompense digne d'elle. Mais elle ne serait pas la seule. Les Afriquains s'épureraient, et augmenteraient le cercle de leurs idées, et bientôt ils imiteraient leurs nobles amis, ils employeraient toute leur industrie pour fournir aux Anglais les biens que leur climat produit en abondance. Ils seraient l'ouvrage de l'Angleterre et la préféreraient à toutes les autres nations, ils seraient un de ses ornemens, ils attesteraient à la postérité sa bienfaisance et sa philantropie pour un peuple malheureux, pauvre et ignorant. Par reconnaissance et par amitié, ils seraient ses sujets les plus fidèles, et dans toutes les circons-

tances ils pourraient lui fournir légitimement des secours d'hommes soit pour
des travaux d'industrie soit même pour
la guerre ; ils donneraient les denrées
de leur contrée, où tout serait en pro-
fusion, si elle n'était pas ravagée par
la barbarie et par l'ignorance. Enfin si
l'entreprise, si juste et si noble, de l'abolition de l'esclavage, et de l'instruction
des Nègres était exécutée, les Anglais
en retireraient des profits supérieurs à
ceux de la servitude (1). Cet exemple
inspirerait à tous les esprits généreux

____

(1) Un de mes amis m'a dit que si ce projet était
admis, il avait un plan par lequel il prouverait
que le gouvernement anglais retirerait annuellement quinze millions sterling, au lieu d'un million sterling qu'il retire actuellement. Il ajoute que
ce revenu serait payé en partie par les Afriquains
et que son plan préviendrait les contrebandes,
et en grande partie les dettes excessives, les longs
emprisonnemens et les banqueroutes frauduleuses,
ferait cesser le vol, la fraude et l'assassinat.

le désir d'imiter l'Angleterre et la ferait admirer de tout le monde.

D'après ce que je viens de dire , il est suffisamment démontré que l'on peut rémédier aux souffrances et à la servitude des Afriquains. Il est encore démontré que cela ferait le plus grand honneur à tout peuple et à tout homme qui contribuerait à réparer l'injustice de ses ancêtres, et à rendre heureuse une grande partie de l'espèce humaine. Sans doute cette gloire appartiendra principalement aux Anglais, si ce sont eux qui donnent l'exemple. Cette action sera plus honorable que la découverte du nouveau monde ne le fût à Christophe Colomb. —Les difficultés se présentent d'abord , le bien paraît dans le lointain , souvent même on ne le voit pas. Mais quand bien même l'abolition de l'esclavage ne procurerait pas des richesses immenses , elle fera naître le bonheur et la paix. —

Certes les fauteurs de la servitude objecteront que le bien des Nègres sera une source de maux pour les colons qui n'auront plus de proie. N'est-il pas juste qu'il ne soient pas absolument dédommagés? n'est-il pas juste qu'ils expient leurs crimes? —— Ils diront que s'ils ont des gages à payer à leurs cultivateurs, ils ne pourront plus vendre leurs denrées à bas prix aux Européens. Ils diront qu'il faudra que tout devienne plus cher. Ainsi si les fautes d'un commerçant mal-honnête homme sont réprimées par les lois, le public payera davantage ses marchandises, parce qu'il ne doit rien perdre et avoir toujours le même profit. Mais cela fut-il juste; quand bien même les productions de l'Amérique augmenteraient nécessairement de valeur, ne vaudrait-il pas mieux ne manger qu'un peu de sucre avec beaucoup d'argent, que de manger à bas prix beaucoup de sucre trempé dans le sang de l'iniquité? Je connais plusieurs *Ladys* qui refusent de mettre du *sucre* dans leur *thé*, à cause des traitemens que subissent les Nègres employés à le cultiver. Enfin si les colons dépensent plus d'argent pour faire travailler des hommes libres que des esclaves, ils en tireront à la fin plus d'avantage.

Il n'est pas aisé de déterminer les gages des ouvriers libres. Je pense qu'ils sont nécessairement au - dessus de ce qu'exigent la nourriture, le logement et le vêtement. Ainsi un homme qui travaille tous les jours , doit gagner en trois cents jours dequoi satisfaire à tous les besoins d'une année. Le surplus sera proportionné à l'utilité de son travail , et sera sa récompense. Si le salaire des ouvriers est fixe , le gouvernement empêchera que les denrées de première nécessité ne monte au-dessus du prix qu'en peut donner le pauvre industrieux. Ainsi sans aucun prétexte, il ne sera jamais accablé par l'ouvrage et travaillera seulement pour vivre. — Toutes les nations civilisées vantent leur liberté, mais si elles voulaient que cette liberté fut toujours utile et jamais à charge, elles emploieraient à des travaux publics les hommes et les femmes qui sont oisifs et ne peuvent trouver d'ouvrage. Il y a par-tout des terres stériles que l'on pourrait fertiliser. On préviendrait les vols et l'on enrichirait les peuples. Ces manœuvres employés par l'état, auraient le nécessaire en argent ou en nature, et la moitié des gages donnés à ceux qui trouvent eux-mêmes de l'ouvrage, s'ils étaient laborieux et industrieux, on ne les laisserait pas dans le repos, ils étaient dans la misère, ils n'y sont plus, ils n'ont

que

que la moitié du profit des plus intelligens, et ils doivent être contens ;
il vaut mieux n'avoir que peu de su-
perflu que de manquer de tout. Ces
hommes formeraient une milice utile.
Ces femmes seraient arrachées à l'indi-
gence et à tous les maux qui enfan-
tent la dissolution et la méchanceté.

Nous avons besoin en Afrique de plusieurs regles de civilisation, mais à quelques égards nous sommes plus heureux
que les peuples civilisés de l'Europe.
L'Afriquain, le plus pauvre, n'est jamais dans une détresse absolue, à moins
qu'une calamité générale n'accable l'A-
frique entière. Si une nation ou une famille observe les lois de Dieu et mar-
che dans le sentier de la justice, elle
ne craint, ni la chaleur de notre climat brûlant, ni l'inclémence du froid,
ni les tempêtes, ni les ouragans ; elle
n'est jamais entièrement ruinée ; elle

voit les biens de toute espèce pleuvoir bientôt sur elle; elle remercie celui qui commande aux vents de porter les nuages sur leurs aîles; celui qui fait tomber les sucs nourriciers de la pluie où il lui plait, celui qui a créé les rayons producteurs du soleil, et qui échauffe et anime toutes les créatures et toutes les plantes. Ah! sans doute nos contrées ne peuvent être comparées avec l'Angleterre. Ainsi le pays de Canaan, jadis si fertile, n'est plus depuis la méchanceté de ses habitans qu'un désert stérile.

N'oublions pas de remercier les hommes bienfaisans, qui ont soutenu pendant long-tems plusieurs Nègres aux environs de Londres. Ils doivent être éternellement respectés, puisqu'ils ont compassion non-seulement du pauvre en général, mais encore du pauvre maltraité et avili. Le gouvernement a voulu partager leur bonne action , cela est louable, et annonce qu'il veut faire le bien. Tous les honnêtes gens ont applaudi avec la société , protectrice des Noirs, à son projet d'équipper des vaisseaux pour les transporter à Sierra-Léona, et pour en faire une colonie libre , soumise à l'Angleterre, et alliée des royaumes de l'Afrique. Ce plan est superbe , et cet établissement a plus honoré l'humanité que tous ceux que les chrétiens ont faits jusqu'à ce jour , il pourrait même être très-utile, mais il faudrait qu'il eut été bien conçu dans toutes ses parties. Je doute qu'il réponde à l'espérance flatteuse que l'on a. Je crains qu'il ne puisse se soutenir comme il a été projetté.

Le plan d'établir à Sierra- Leona une colonie libre et alliée des Afriquains, n'a pas été, osons le dire, sagement médité. Il eut été nécessaire d'avoir l'agrément des rois Nègres , de faire avec eux un traité qui fixât les confins et la nature de l'établissement , et les premieres bases. Alors tous les Noirs libres et plusieurs Blancs se seraient embarqués avec plaisir , espérant jouir du bonheur et de la tranquillité, et croyant qu'ils pourraient bientôt reconnaître les services de leurs amis et de leurs bienfaiteurs. Mais quand on a vu la colonie envoyée à tout événement , pour devenir ce qu'elle pourrait ; quand on a vu les Afriquains jettés sur les vaisseaux encore à la rade , quand on en a vu beaucoup périr de froid , et les plus intelligens mourir par divers accidens ; quand on a vu les hommes les plus utiles éloignés par la basse jalousie des gouverneu s , alors cette belle entreprise a été absolument anéantie ; et ceux qui en coururent les hasards partirent de force. Plusieurs même se précipitèrent dans la mer, parce qu'ils n'appercevaient que des difficultés, des dangers et le malheur.

Les protecteurs de cette colonie ne sont plus, ceux qui y allaient pour gagner de l'argent sont morts, les chefs actuels sont agités par des motifs contraires, ainsi ce projet n'a été d'aucune utilité. Mais si tous les moyens de le soutenir eussent été employés, beaucoup de Noirs auraient embrassé avec ardeur, l'occasion de retourner dans leur patrie. Mais, dit un vieux proverbe, *un enfant qui a été brulé, redoute le feu.* Ainsi les enfans infortunés de l'Afrique, ayant été plusieurs fois arrachés des foyers paternels, par les trahisons des Européens; ayant été mis entre les mains des Pirates, conduits au marché et vendus comme de vils animaux, ils ont craint d'être privés de nouveau de leurs propriétés, de leurs biens, de leur liberté. Il ont recouvré leurs droits naturels par des services rendus dans la dernière guerre, soit au public, soit à des particuliers. Ils sont reconnaissans, mais ils craignent d'être encore enlevés et livrés aux monstres barbares, appellés colons. Car les navigateurs Européens et ceux qui commercent avec les pays étrangers, ont de grands préjugés contre les Noirs ; ils voient en eux des bêtes de somme et non des hommes ; aussi un Nègre est à peine en sûreté parmi eux.— On a tout employé pour persuader aux Noirs libres de se fier aux vaisseaux de transport, et d'aller dans leur pays. Mais les plus sages refusèrent et refusent jusqu'à ce qu'ils apprennent que l'on a mûrement pensé aux inconvéniens de ce voyage, et que l'on a bien prévu tous les obstacles. Ils redoutent prudemment, un retour qui peut être terrible.

Peuvent-ils croire que le gouvernement Anglais veuille sérieusement établir en Afrique une colonie libre, tandis qu'il permet que ses forts et ses factoreries enlevent, commercent & mettent en esclavage les Afriquains ?

Pat. Gordon, qui n'était pas opposé à la servitude des Nègres, s'est plaint autrefois des barbaries commises contre eux ; il s'est élevé contre les traitemens subis par les Noirs, qui étaient avilis comme s'ils étaient des brutes, et privés de religion, quoiqu'ils fussent des hommes. Voilà les mots dont il se sert *dans sa Grammaire géographique* ; « le » sort des Nègres esclaves a été jusqu'à » présent et est encore de servir des maî- » tres chrétiens. Les colons ont assez » fait voir le zèle qu'ils ont pour leur » conversion, en traitant fort mal un » grave ministre qui leur demandait, » il y a quelque tems, la permission d'y

» travailler ». Tels ils étaient, il y a cent ans, tels ils seront toujours ; leur cruauté anti-chrétienne sera toujours la même. Dans le peu de tems que j'ai demeuré à la Grenade, j'ai vu un esclave recevoir vingt-quatre coups de fouet ; parce que le Dimanche, il était allé à l'église, au lieu d'être allé travailler dans les champs. Ceux qui mettent leur plus grande confiance en l'Etre-suprême, et qui l'implorent dans son saint temple, sont souvent traités de la même manière. La proposition que ce sage géographe avait faite d'instruire les Nègres fut reçue avec indifférence. Cependant il disait, » on doit sincerement tâcher d'étendre » les limites du christianisme, avec ceux » de notre empire, et de porter la vraie » religion aussi loin que nos vaisseaux » portent leur trafic ». Et il ajoutait, » nos colons devraient considérer qu'ex-» tirper les naturels, c'est plutôt dé-

» truire qu'établir une nouvelle colonie.
» Il est plus honorable de vaincre le
» paganisme dans un royaume, que
» d'exterminer mille royaumes payens;
» chaque prosélyte est une conquête ».

Abolir l'esclavage et le commerce des Noirs, c'est prévenir la méchanceté et le meurtre, c'est s'acquitter des premiers devoirs de la justice. S'efforcer d'instruire les idolâtres, est le premier devoir d'un chrétien. Mais depuis que la traite des Nègres est encouragée par toutes les nations, on ne peut plus espérer que les demandes les plus sages soient accueillies; car les colons ont tout infecté avec le poison funeste de leur iniquité; et ils sont encore tolérés ou protégés par les lois! Mais si l'oppression et l'injustice étaient détruites, et si l'humanité et le christianisme étaient écoutés; des multitudes des nations s'empresseraient de marcher sous les éten-

darts de la vérité ; elles ne se révolte-
raient pas. Ce serait un bonheur pour
elles d'être sous la protection et la jurisdiction d'un gouvernement équitable.
La Grande-Bretagne elle-même y ga-
gnerait ; *car un peuple nombreux est la
gloire de l'état , et la dépopulation en
est la destruction.*

Tous les Nègres qui vivent en Angleterre , souhaitent sans doute que la
renommée et la grandeur de l'empire
anglais s'étendent partout. Mais ils dé-
sirent que ce soit pour la gloire de Dieu
et pour l'intérêt du christianisme , et
non pas pour permettre le brigandage, le
meurtre et le vol des esclaves. La Grande-
Bretagne , cette reine des nations , ne
peut - elle donc pas répandre l'instruction et les lumières ? Lui serait-il donc
désagréable de recevoir des tributs de reconnaissance ? aime-t-elle mieux se voir
en horreur que de se voir chérie. Lui

est - il impossible d'empêcher que ses forts et ses factoreries soient des repaires de scélérats ? pourquoi donc les Européens, au lieu d'être utiles aux Noirs, les ravissent-ils contre toutes les lois divines et humaines ? Pourquoi s'efforcent - ils de les ensevelir dans une ignorance absolue ? quelle honte pour les gouvernemens chrétiens !

Il faut que ceux qui entreprendront d'éclairer sur le christianisme, les peuples payens et ignorans, soient honnêtes et sages. Leur science est la première des sciences, et ils doivent imiter S. Paul, qui détestait les passions et qui exposait sa vie pour la cause de l'Evangile.--»Je pense, a dit un écrivain, » qu'il est nécessaire d'exposer combien un tel projet serait beau, et » combien son exécution serait désirable, pour les chrétiens de tous les » partis et de toutes les professions ».

On peut traduire la Bible dans toutes les langues étrangères. « Des jeunes théo-
» logiens peuvent apprendre dans leur
» patrie les langues étrangères , et four-
» nir tous les ans des hommes capa-
» bles d'instruire , dès leur arrivée ,
» les peuples , chez lesquels ils seraient
» envoyés ». Ce moyen a cependant des inconvéniens. Des superstitions sans nombre avilissent quelques sectes chrétiennes , et elles seraient peut-être un nouveau déluge qui engloutirait le monde. Mais Dieu a promis d'étendre la vraie religion sur toute la terre , il arrêtera la présomption de l'erreur , et il s'opposera aux sophismes de la fraude. Le temple de la vérité est appuyé sur les tombes des martyrs , et la justice et la piété sont des forts qui résisteront à toutes les attaques du mensonge. L'instruction est un besoin pour les nations payennes et ignorantes, mais elle

doit avoir l'Écriture sainte pour base.

Aussi pensons - nous comme l'auteur d'un apologie de l'esclavage. (*An apology for Negro Slavery*) publiée dernièrement, lorsqu'il dit, « mais si l'es-
» clave doit être seulement instruit sur
» les formes de la religion ; sans l'être
» sur le fond ; s'il doit seulement con-
» naître les principes dangereux de la
» sombre superstition ; s'il doit seule-
» ment respirer la frénésie impure d'un
» enthousiasme fanatique , il vaudrait
» mieux qu'il restât toujours plongé dans
» les ténebres de l'ignorance , qui l'em-
» pêchent de discerner le bien du mal ».
Certes les malheureux Nègres n'ont déja que trop soufferts dans les Indes Occidentales à cause des diverses religions que le Nord a produites. Les protestans sont les voleurs d'esclaves les plus barbares ; et les colons les plus cruels sont les Ecossais et les Hollan-

dais. Les chrétiens romains qui veulent étendre leur pouvoir partout, augmentent tous les jours leur vertu et leur humanité. Ils rougissent des actions sanguinaires commises par leurs ancêtres, ils les ont en horreur. Aussi l'esclavage est - il plus tolérable chez eux que chez les protestans.

Je suis fâché de faire observer que le clergé de tous les pays, a la faiblesse d'admettre dans son sein des hommes passionnés qui ne connaissent pas la vérité, ou n'osent la dire ; qui négligent leurs principaux devoirs, ou s'en acquittent avec une nonchalance coupable. Aussi quoi de moins orthodoxe que les sermons prêchés quelquefois au peuple ? Quoi de plus inutile que des discours qui, pour me servir du mot de M. Turnbull , *sont seulement enrichis des ornemens extérieurs de la religion.* Aussi ces orateurs ignorans sont-ils chargés des crimes qu'ils n'ont pas combattus. Aussi peuvent-ils se faire l'application de ces paroles de Jérémie : *Et d'abord, dit le Seigneur, je rendrai leurs iniquités et leurs péchés doubles ; parce qu'ils ont souillé ma terre avec les cadavres de leurs idoles, et parce qu'ils ont rempli mon héritage de leurs abominations.* (proph. ch. 16. ℣. 18.). Telles sont les erreurs des hommes. Le clergé peut les détruire, il le doit, il le fera. Il veille sur les ministres qui sont près de lui. Mais que doit-on attendre de ceux qui demeurent dans les Indes Occidentales, et qui sont les associés des voleurs d'esclaves ? Pourront-ils jamais faire le bien ? pourront-ils le vouloir ? Ils sont si ignorans qu'ils ne peuvent décider, si un payen peut recevoir le baptême, sans prendre un nom chrétien. Quel rapport y a-t-il entre le baptême et un nom chrétien ou payen ? Qu'importe le nom d'un homme, s'il a assez de lumières et de foi pour être baptisé ! Le christianisme ne nous oblige pas de nous dépouiller de notre nom personnel ou de celui de nos ancêtres. On pourra lui ajouter celui de *chrétien,* et quand on nous ferait alors cette question de la Liturgie anglaise, *quel est votre nom ?* — Nous répondrions, chrétien.

Le chrétien n'est-il pas le premier des mortels ?
Je l'ai vu prosterné sur le pied des autels,
Adorer en tremblant l'architecte du monde ;
Recueillir dans son cœur, la semence féconde
De la paix ; de la paix dont les rameaux heureux
Se forment à l'aspect du vice audacieux.

Puis-je maintenant, célèbres habitans de la Grande-Bretagne, espérer que vous me pardonnerez ce que j'ai dit. J'ai le plus grand respect pour vous, pour votre roi, pour votre gouvernement. Cet ouvrage peut souvent

paraître

paraître dur , mais il était impossible de parler autrement de votre iniquité. Mes paroles ressemblent peut-être aux feuilles agitées par les vents de l'automne, qui font beaucoup de bruit et qui bientôt après voltigent dans les airs , et disparaissent pour toujours. Sans doute ce n'est pas moi qui déterminerait de quelle manière les plaintes des Nègres se feront entendre , je dois cependant dire que leurs gémissemens ont dû frapper vos oreilles , comme les flots de la mer irritée battent les rochers des côtes de l'Afrique. S'ils n'ont pas été écoutés, ils ne sont pas absolument étouffés ; ils acquerreront de nouvelles forces. Peut-être alors vous épouvanteront-ils. Rien ne pourra les arrêter ; les mers , les montagnes , les rochers , les déserts , les forêts ne les empêcheront pas de venir jusqu'à vous ; la bonhommie des Noirs deviendra une fureur indomptable qui

renversera tout ; les cœurs les plus in-
trépides frémiront ; et une aveugle confiance en votre bravoure , sera le dernier
piege que vous tendra votre entêtement.

F I N.

CHEVE D'IMPRIMER LE 30 SEPTEMBRE 1968 PAR GALLI THIERRY,
MAITRE IMPRIMEUR A MILAN POUR LE COMPTE DE

EDHIS

EDITIONS D'HISTOIRE SOCIALE
10, RUE VIVIENNE A PARIS

IL A ETE TIRE 750 EXEMPLAIRES NUMEROTES SUR PAPIER
VERGE A LA MAIN, PLUS 30 EXEMPLAIRES HORS COMMERCE

EXEMPLAIRE N° 165